Jörg Krampe und Rolf Mittelmann

Mathe-Training spielend leicht – 5. Klasse

Zentrale Unterrichtsthemen dreifach differenziert und mit motivierender Selbstkontrolle

Bildnachweis:

S. 18 & S. 56: evenfh © Adobe Stock
S. 24 & S. 57: Tariq © Adobe Stock
S. 30 & S. 59: moggara12 © Adobe Stock
S. 34 & S. 60: kuritafsheen © Adobe Stock
S. 37 & S. 60: Krzysztof Wiktor © Adobe Stock
S. 43 & S. 62: JossK © Adobe Stock

Impressum

Mathe-Training spielend leicht – 5. Klasse

Jörg Krampe ist studierter Grund- und Hauptschullehrer für die Fächer Mathematik, Physik, Chemie und Deutsch mit langjähriger Tätigkeit als Fachleiter für Mathematik und Schulleiter einer Grundschule.

Rolf Mittelmann ist studierter Grund- und Hauptschullehrer mit langjähriger Tätigkeit als Lehrer an einer Gesamtschule, in der Lehrerausbildung als stellvertretender Seminarleiter und als Leiter einer Grundschule.

Zusammen veröffentlichten sie weit über 100 Fachpublikationen, hauptsächlich zu Übungsmaterialien für den Mathematik- und Deutschunterricht bei verschiedenen Verlagen.

1. Auflage 2021

Veritaskai 3 · 21079 Hamburg
Fon (040) 32 50 83-060 · Fax (040) 32 50 83-050
info@aol-verlag.de · www.aol-verlag.de

Redaktion: Dr. Sina Hosbach und Merle Schlüter
Layout/Satz: Satzpunkt Ursula Ewert GmbH, Bayreuth
Illustrationen: Satzpunkt Ursula Ewert GmbH, Bayreuth
Coverbild: Jaguar Family © Krzysztof Wiktor – Adobe Stock

ISBN: 978-3-403-10679-1

Inhalt

Vorwort

Liebe Kolleginnen und liebe Kollegen,

Sie halten praxisnahe und individuell einsetzbare Kopiervorlagen in Ihren Händen. Diese Sammlung orientiert sich an den wesentlichen Inhalten der Mathematik im 5. Schuljahr. Sie enthält Übungen, die das Aufgabenmaterial unabhängig vom Schulbuch ergänzen. Die Aufgaben erleichtern die Einübung des mündlichen und schriftlichen Rechnens mit Natürlichen Zahlen und vertiefen das Rechnen mit Größen in den Bereichen Längen, Gewichte und Zeitangaben.

Das exakt gegliederte Inhaltsverzeichnis mit Angabe des Lerninhalts, des Differenzierungsniveaus und der Art der Selbstkontrolle, der überschaubare Umfang von maximal 20 Aufgaben mit kurzem Arbeitsauftrag auf jeder Seite und die gute Verfügbarkeit als Kopiervorlage inklusive Musterlösungen ermöglicht einen schnellen zielgerichteten Zugriff und damit einen effektiven Einsatz in *differenzierten Übungsphasen*, im *Förderunterricht*, als *Hausaufgaben* und in *Vertretungsstunden*.

Diese Kopiervorlagen unterstützen gerade durch die selbstständig zu bearbeitenden und selbst kontrollierbaren Aufgaben die geforderte Selbständigkeit des Lernenden.

Differenzierung

Eine besondere Eigenschaft der Übungen ist die konsequente Differenzierung der Lerninhalte in drei Schwierigkeitsstufen je Thema. Kinder lernen, begreifen und arbeiten unterschiedlich schnell, weshalb sie unterschiedliche, differenzierte Lernangebote benötigen. Die Dreifachdifferenzierung in dieser Sammlung wird neutral und klar durch drei einfache Symbole gekennzeichnet:

○ weniger Aufgaben, niedrigere Anforderung oder schneller zu lösen

□ etwas schwierigeres Zahlenmaterial, größere Zahlen oder mehr Aufgaben

△ höhere Anforderung durch größere Zahlen und schwierigere Ziffernkombinationen

Aufgabentypen

Eine weitere Besonderheit der einzelnen Übungseinheiten ist die Selbstkontrollmöglichkeit und deren Gestaltung durch motivierende, leicht verständliche Spielformen, meist mit figürlichen Lösungen in sieben verschiedenen Variationen:

- richtige Ergebnisse werden in einem Zahlenfeld ausgesucht und angemalt, es entsteht ein Bild
- Verbinden von Punkten nach Lösungszahlen zu einem Gesamtbild
- Zuordnung von Aufgaben und Ergebnissen auf verschiedenen Spielteilen zu einem Gesamtbild
- richtige Ergebnisse werden über einen Schlüssel mit Silben und Zahlen sortiert und ergeben einen Lösungsspruch
- wie ein Kreuzworträtsel, aber mit Zahlen
- Zuordnung von Aufgaben (Spielplan) und Ergebnissen (Puzzleteile) zu einem Gesamtbild
- die Aufgaben stehen in Einzelsätzen zerlegt in verschiedenen Feldern und müssen sinnvoll zugeordnet werden

Ihre

Jörg Krampe Rolf Mittelmann

Zahlen: Ordnen nach der Größe

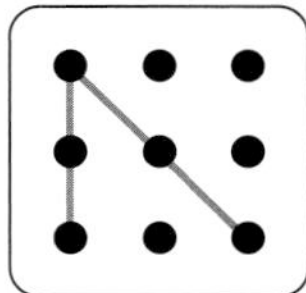

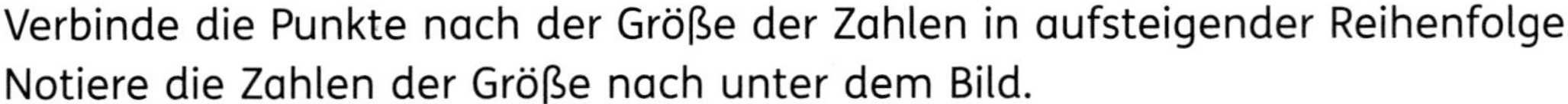

Verbinde die Punkte nach der Größe der Zahlen in aufsteigender Reihenfolge.
Notiere die Zahlen der Größe nach unter dem Bild.

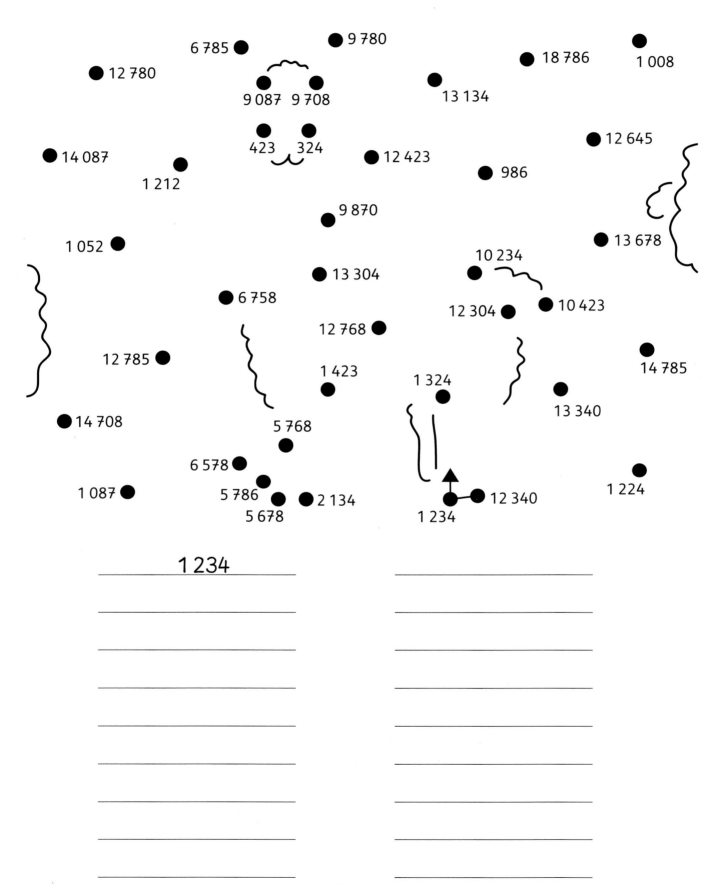

6 785 9 780 18 786 1 008
12 780
9 087 9 708 13 134
423 324 12 645
14 087 1 212 12 423 986
9 870
1 052 13 678
10 234
13 304
6 758 12 304 10 423
12 768
12 785 14 785
1 423 1 324
13 340
14 708 5 768
6 578
1 087 5 786 2 134 12 340 1 224
5 678 1 234

1 234

Zahlen: Vom Wort zur Zahl

Schreibe die Zahlwörter mit Ziffern. Male die Felder mit den Lösungszahlen aus.
Es sind zwei Felder je Lösungszahl auszumalen.

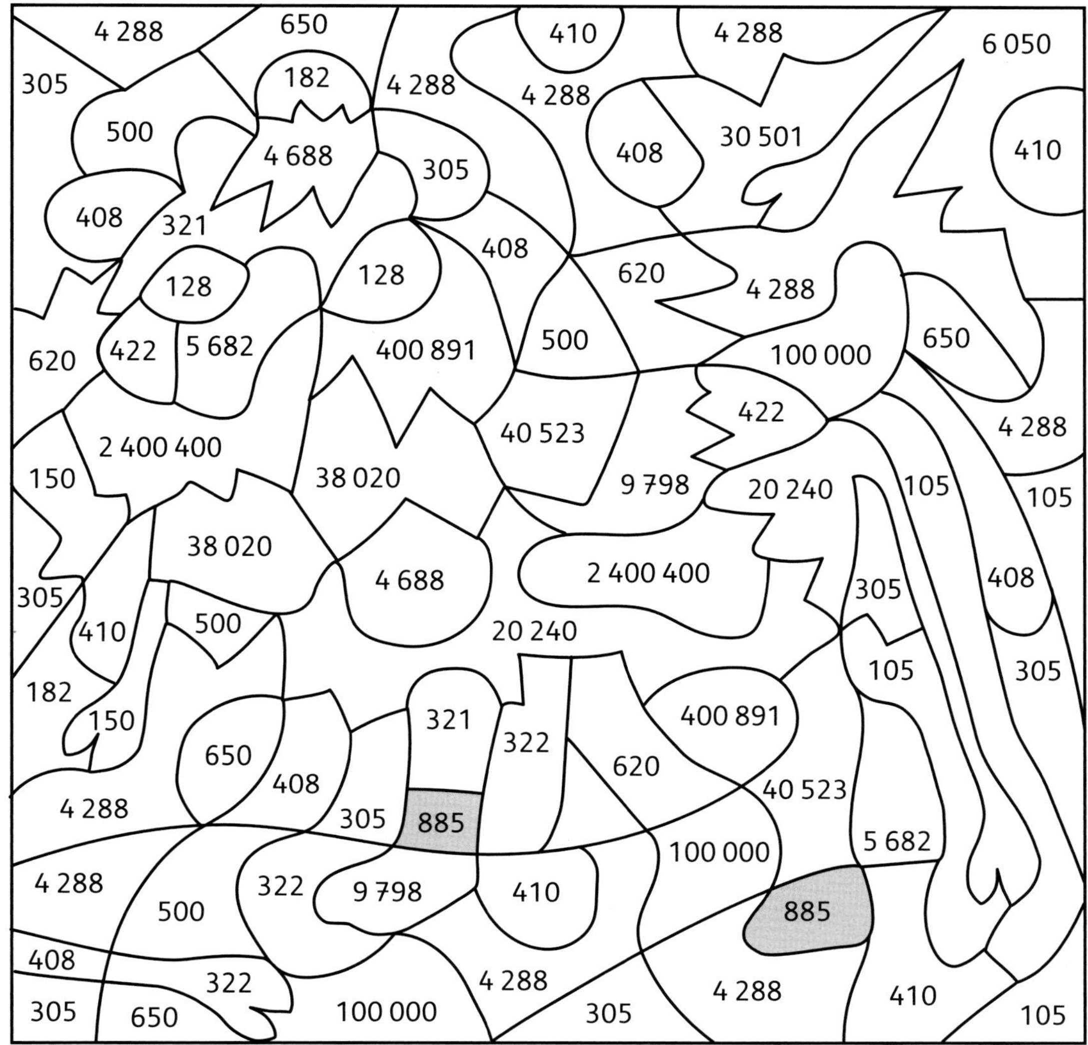

achthundertfünfundachtzig:	8 8 5
einhundertachtundzwanzig:	
dreihunderteinundzwanzig:	
vierhundertzweiundzwanzig:	
viertausendsechshundertachtundachtzig:	
fünftausendsechshundertzweiundachtzig:	
neuntausendsiebenhundertachtundneunzig:	
zwanzigtausendzweihundertvierzig:	
achtunddreißigtausendzwanzig:	
vierzigtausendfünfhundertdreiundzwanzig:	
vierhunderttausendachthunderteinundneunzig:	
Zwei Millionen vierhunderttausendvierhundert:	

Zahlen: Vom Wort zur Zahl

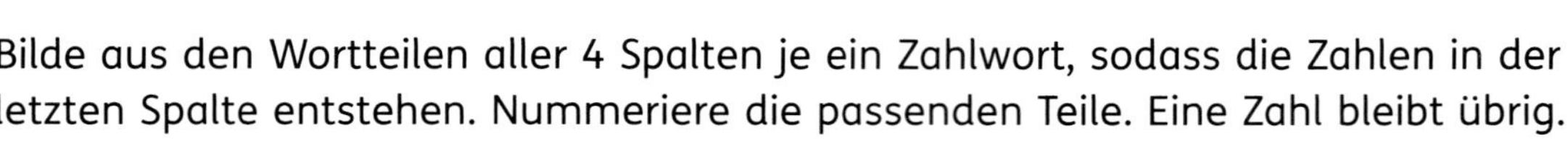

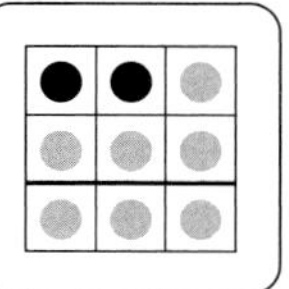

Bilde aus den Wortteilen aller 4 Spalten je ein Zahlwort, sodass die Zahlen in der letzten Spalte entstehen. Nummeriere die passenden Teile. Eine Zahl bleibt übrig.

1. Teil	2. Teil	3. Teil	4. Teil	Ganze Zahl
(1) zweihundert-	undzwanzig-	drei-	zwei	102 000
dreißig	(1) dreizehntausend-	fünf-	zehn	302 020
zwölf-	Million	fünfhundert-	undfünfzig	12 102
eine	unddreißig	einhundert-	unddreißig	(1) 213 212
drei-	Millionen	Millionen	tausend	315 520
zwei-	fünfzehntausend-	zwei-	(1) zwölf	30 000 053
dreihundert-	hundert-	(1) zweihundert-	fünf	23 010
ein-	tausend-	tausend-	zwanzig	1 000 035
				32 000 005

Welches Ergebnis bleibt übrig? ______________________

Runden: T- und Z-Stellen

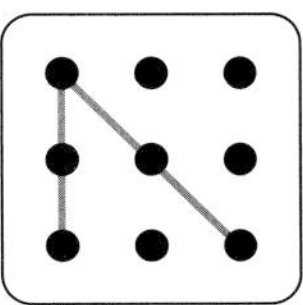

Runde an der unterstrichenen Ziffer und verbinde die Punkte bei den gerundeten Zahlen in der Reihenfolge der Aufgaben.

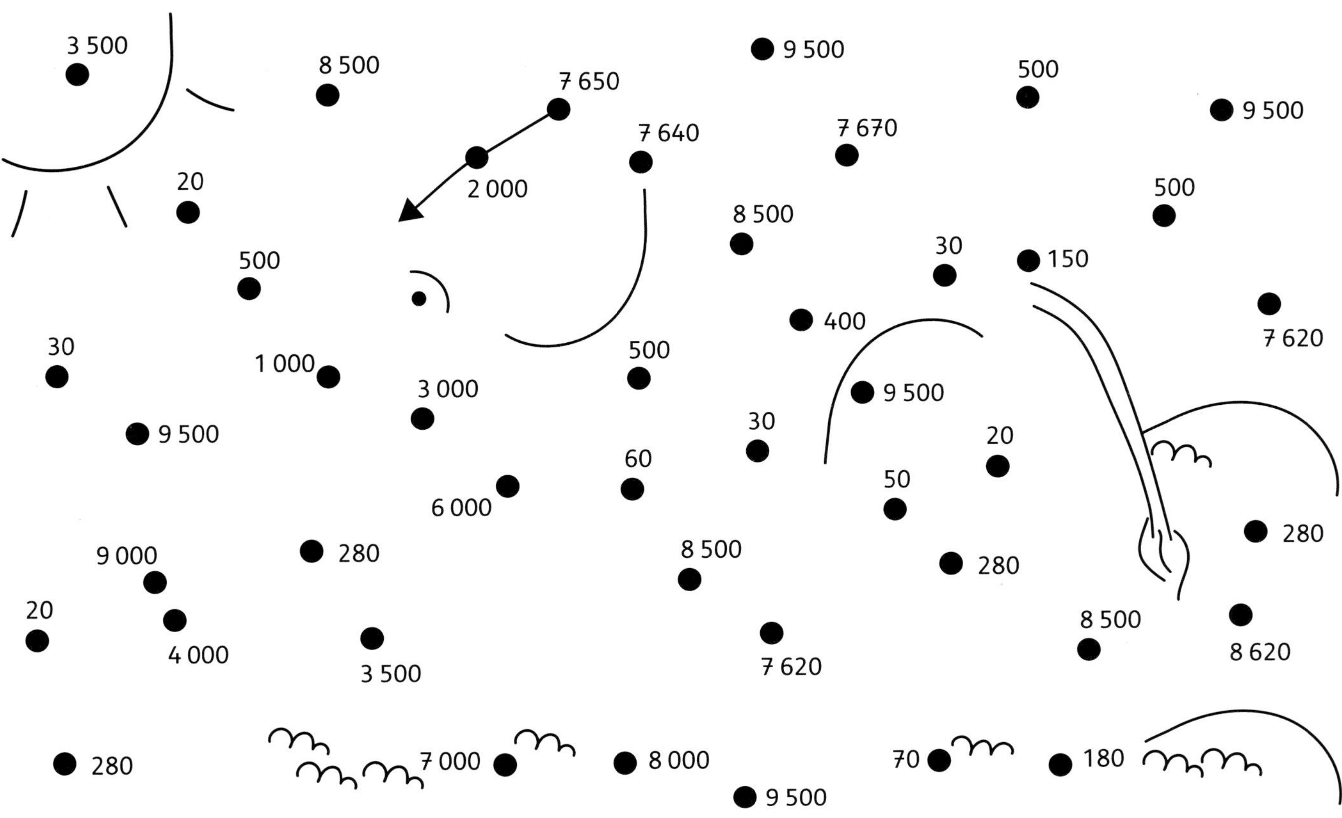

① 1600 ~ 2000

② 1300 ~ ______

③ 8900 ~ ______

④ 3500 ~ ______

⑤ 2800 ~ ______

⑥ 6400 ~ ______

⑦ 6600 ~ ______

⑧ 8200 ~ ______

⑨ 58 ~ ______

⑩ 54 ~ ______

⑪ 69 ~ ______

⑫ 175 ~ ______

⑬ 145 ~ ______

⑭ 7674 ~ ______

⑮ 7635 ~ ______

⑯ 7646 ~ ______

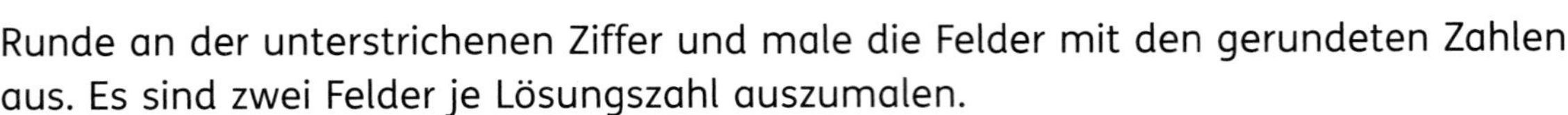

Runden: ZT-, T-, H- oder Z-Stellen

Runde an der unterstrichenen Ziffer und male die Felder mit den gerundeten Zahlen aus. Es sind zwei Felder je Lösungszahl auszumalen.

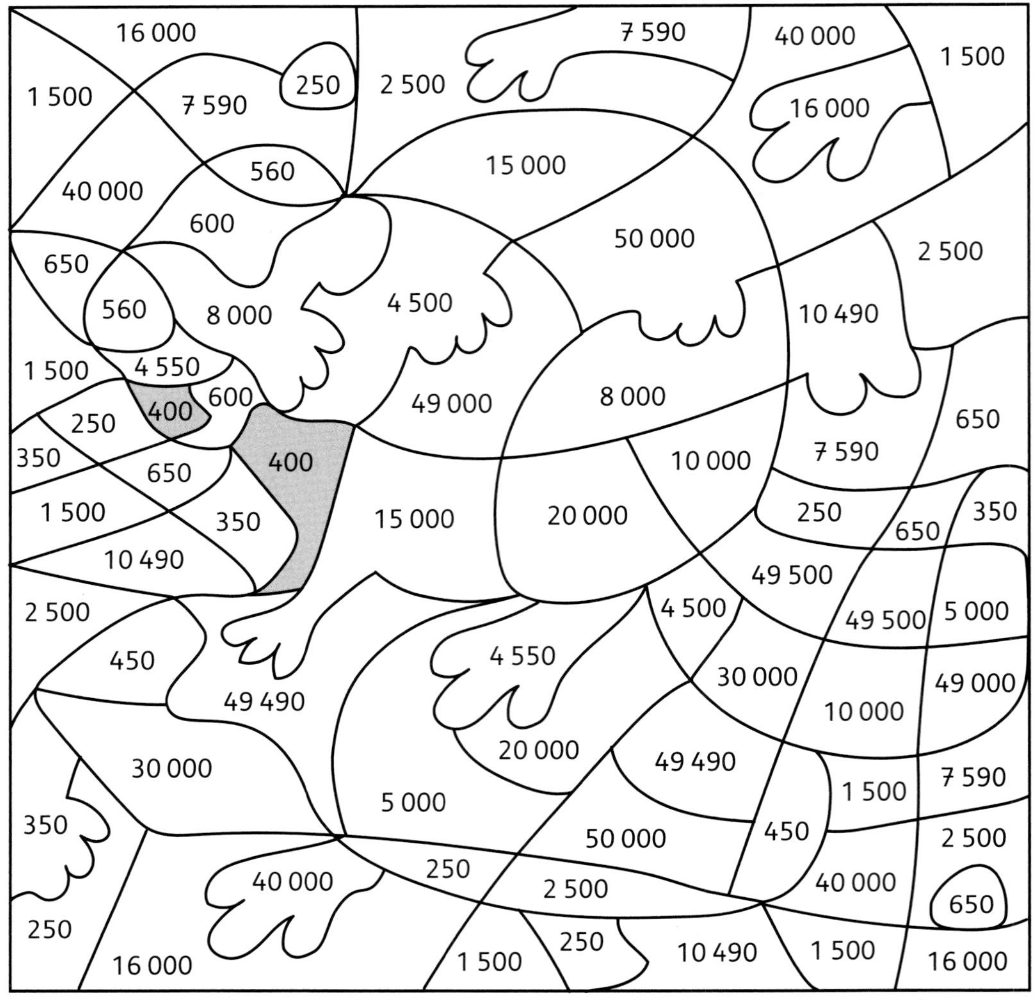

<u>4</u>46 ~ 400

4<u>4</u>6 ~ __________

<u>8</u> 446 ~ __________

<u>1</u>8 446 ~ __________

<u>1</u>4 547 ~ __________

1<u>4</u> 547 ~ __________

4 <u>5</u>47 ~ __________

4 5<u>4</u>7 ~ __________

<u>3</u>4 555 ~ __________

<u>4</u> 555 ~ __________

<u>5</u>55 ~ __________

5<u>5</u>5 ~ __________

<u>4</u>9 494 ~ __________

4<u>9</u> 494 ~ __________

49 <u>4</u>94 ~ __________

49 4<u>9</u>4 ~ __________

Runden: Alle Stellen bis 1 Million

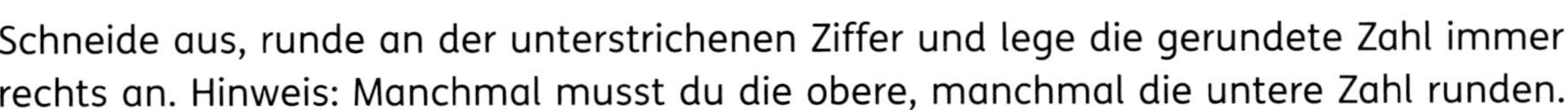

Schneide aus, runde an der unterstrichenen Ziffer und lege die gerundete Zahl immer rechts an. Hinweis: Manchmal musst du die obere, manchmal die untere Zahl runden.

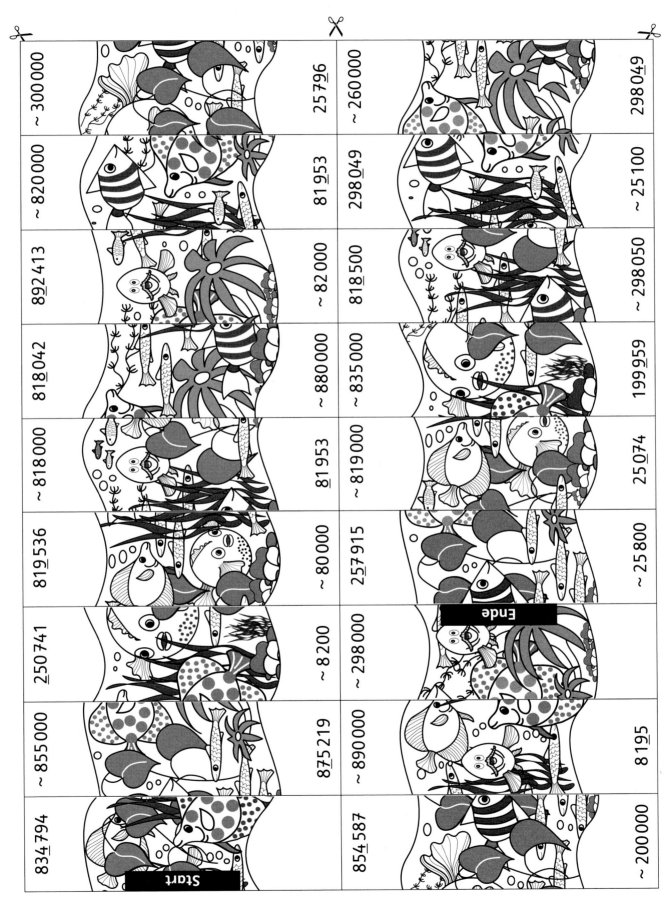

Karte	Links	Rechts
1	~ 300000	25796
2	~ 820000	81953
3	892413	~ 82000
4	818042	~ 880000
5	~ 818000	81953
6	819536	~ 80000
7	250741	~ 8200
8	~ 855000	875219
9	834794	Start
10	~ 260000	298049
11	298049	~ 25100
12	818500	~ 298050
13	~ 835000	199959
14	~ 819000	25074
15	257915	~ 25800
16	~ 298000	Ende
17	~ 890000	8195
18	854587	~ 200000

Zahlenfolgen: Nur Plus- oder Minus-Operatoren

Setze die fehlenden Zahlen und die Bildungsregeln der Reihe nach ein und ordne die Wörter bzw. Silben aus dem Schlüssel zu. Notiere den Lösungssatz.

							Regel
①	421,	428,	435,	442 ,	,		+ 7
				Der			fragt
②	666,	660,	654,	,	,		
③	850,	875,	900,	,	,		
④	660,	570,	480,	,	,		
⑤	8 215,	8 316,	8 417,	,	,		
⑥	8 750,	8 500,	8 250,	,	,		

-6	+7	-15	+25	-90	+101	-250
kann	fragt	der	fel	der	Ap	chen

210	300	390	442	449	456	636	642	648
Kin	sechs	an	Der	Mathe	lehrer	Wie	Klasse	seine
925	950	975	7 500	7 750	8 000	8 518	8 619	8 720
man	zehn	Äp	ma	mus	fel	ver	tei	len

Lösungssatz:

Der	-		fragt		:
„				-	
		-		-	-
?“	„ -	-		-	.“

Zahlenfolgen: Sich verändernde Operatoren (Plus und Minus)

Setze die Folgen fort und male nur die Felder mit den Ergebniszahlen mit einer Farbe aus. Es sind zwei Felder je Lösungszahl auszumalen.

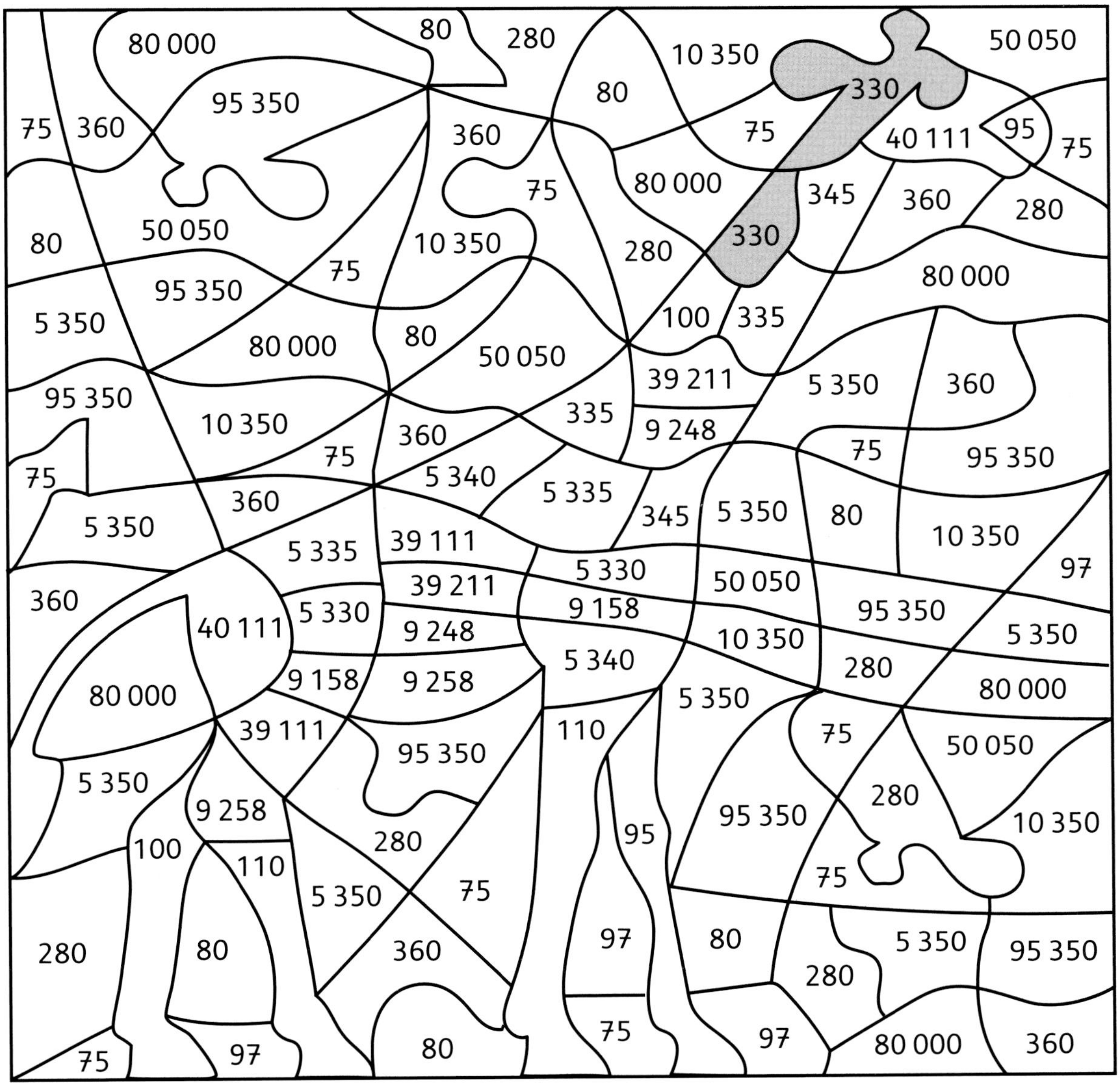

① 300, 305, 315, 320, 330, ______, ______, 350

② 140, 130, 125, 115, ______, ______, ______, 85

③ 5 320, 5 330, 5 325, 5 335, ______, ______, ______, 5 345

④ 8 978, 9 078, 9 068, 9 168, ______, ______, ______, 9 348

⑤ 37 411, 37 311, 38 311, 38 211, ______, ______, ______, 40 011

Zahlenfolgen: Wechselnde Operatoren (alle Rechenarten)

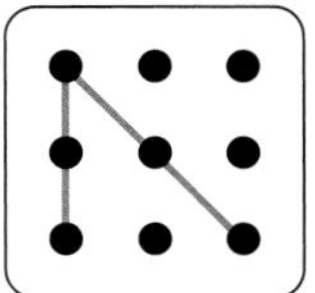

Setze die Folgen fort und verbinde die Punkte in der Reihenfolge der Ergebisse.

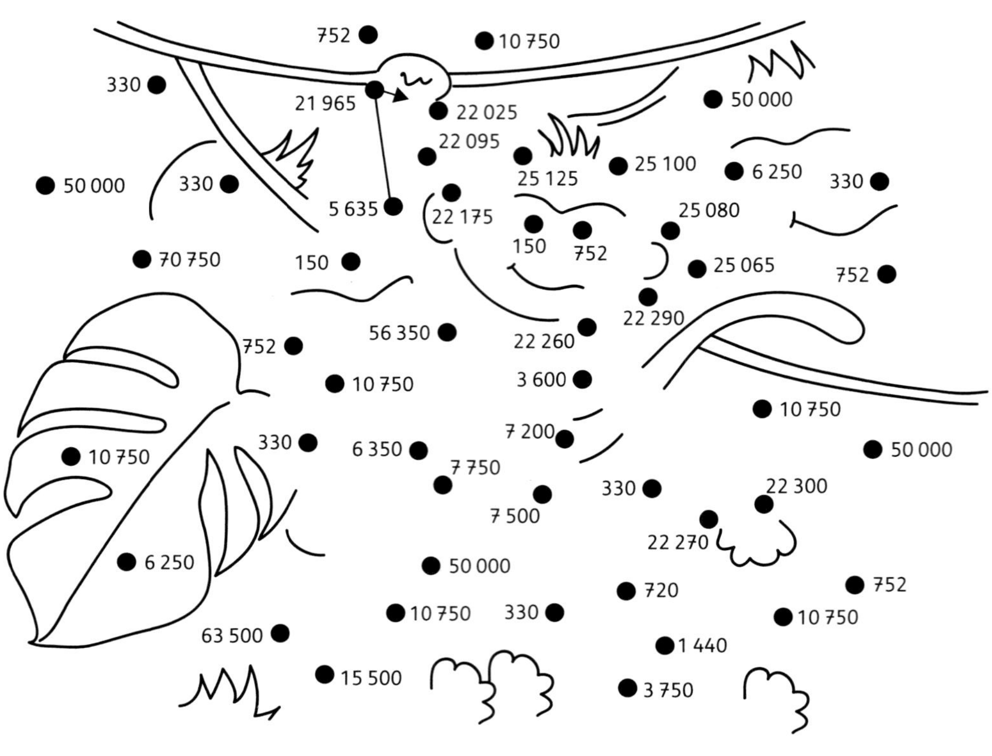

① 21 815, 21 825, 21 845, 21 875, 21 915, 21 965, ______, ______, ______, 22 265.

② 25 325, 25 275, 25 230, 25 190, 25 155, ______, ______, ______, ______, 25 055.

③ 22 230, 22 270, 22 240, 22 280, 22 250, ______, ______, ______, ______, 22 310.

④ 900 000, 90 000, 180 000, 18 000, 36 000, ______, ______, ______, ______, 144.

⑤ 250, 500, 750, 1 500, 1 750, 3 500, ______, ______, ______, ______, 15 750.

⑥ 800 000, 850 000, 85 000, 135 000, 13 500, ______, ______, ______, ______, 55 635.

Addition: 2- und 3-stellig, eine Überschreitung

Rechne aus und trage die Ziffern der Ergebniszahlen wie im Beispiel ein.

waagerecht →

Ⓐ 380 + 580 = 960

Ⓒ 305 + 508 = ______

Ⓔ 109 + 108 = ______

Ⓕ 43 + 29 = ______

Ⓖ 180 + 360 = ______

Ⓘ 48 + 38 = ______

Ⓚ 250 + 360 = ______

Ⓛ 29 + 25 = ______

senkrecht ↓

Ⓐ 909 + 18 = ______

Ⓑ 560 + 52 = ______

Ⓒ 206 + 609 = ______

Ⓓ 180 + 190 = ______

Ⓗ 160 + 275 = ______

Ⓘ 26 + 55 = ______

Ⓙ 33 + 27 = ______

Addition: 4- und 5-stellig, eine Überschreitung

Rechne aus und ordne aus dem Schlüssel die richtigen Silben zu.
So erhältst du den Lösungssatz.

8420 + 8460 =	16880	Der
1800 + 950 =		
9300 + 6400 =		
7340 + 8060 =		
4500 + 8310 =		
150 + 1270 =		
9100 + 900 =		
5420 + 1900 =		
2000 + 2210 =		

6400 + 1900 =		
3310 + 5130 =		
9110 + 940 =		
5020 + 3030 =		
7660 + 2290 =		
4038 + 2032 =		
7320 + 540 =		
4020 + 9110 =		
7720 + 180 =		

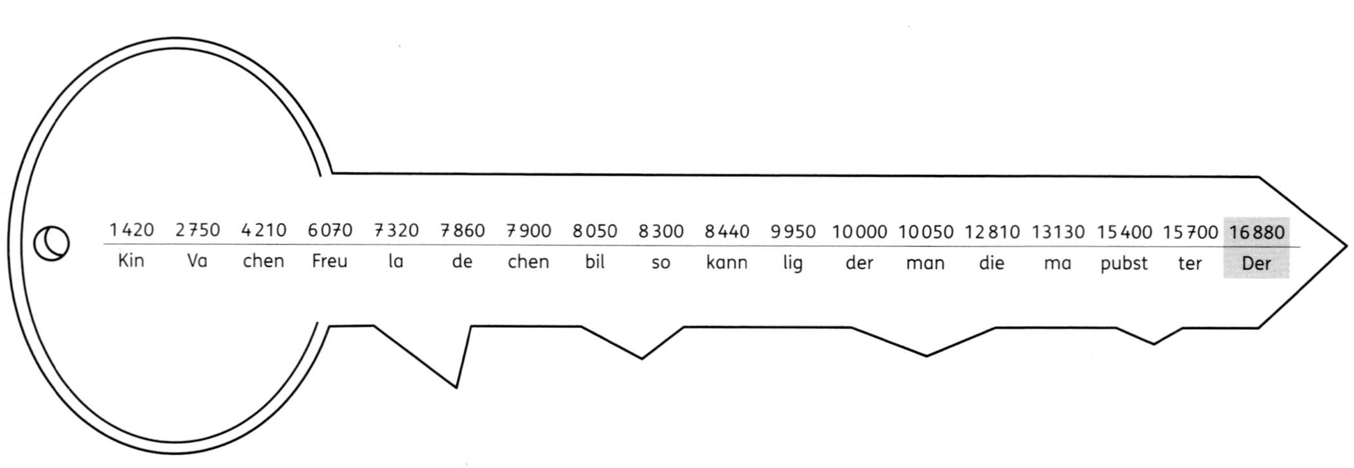

1420	2750	4210	6070	7320	7860	7900	8050	8300	8440	9950	10000	10050	12810	13130	15400	15700	16880
Kin	Va	chen	Freu	la	de	chen	bil	so	kann	lig	der	man	die	ma	pubst	ter	Der

Lösungssatz:

Der	-		,		-
	-	,			
-		-		-	.

Addition: 4- und 5-stellig, bis 2 Überschreitungen

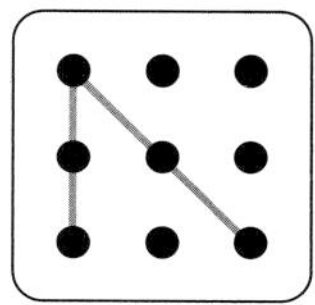

Rechne aus und verbinde die Punkte bei den Ergebnissen in der Reihenfolge der Aufgaben.

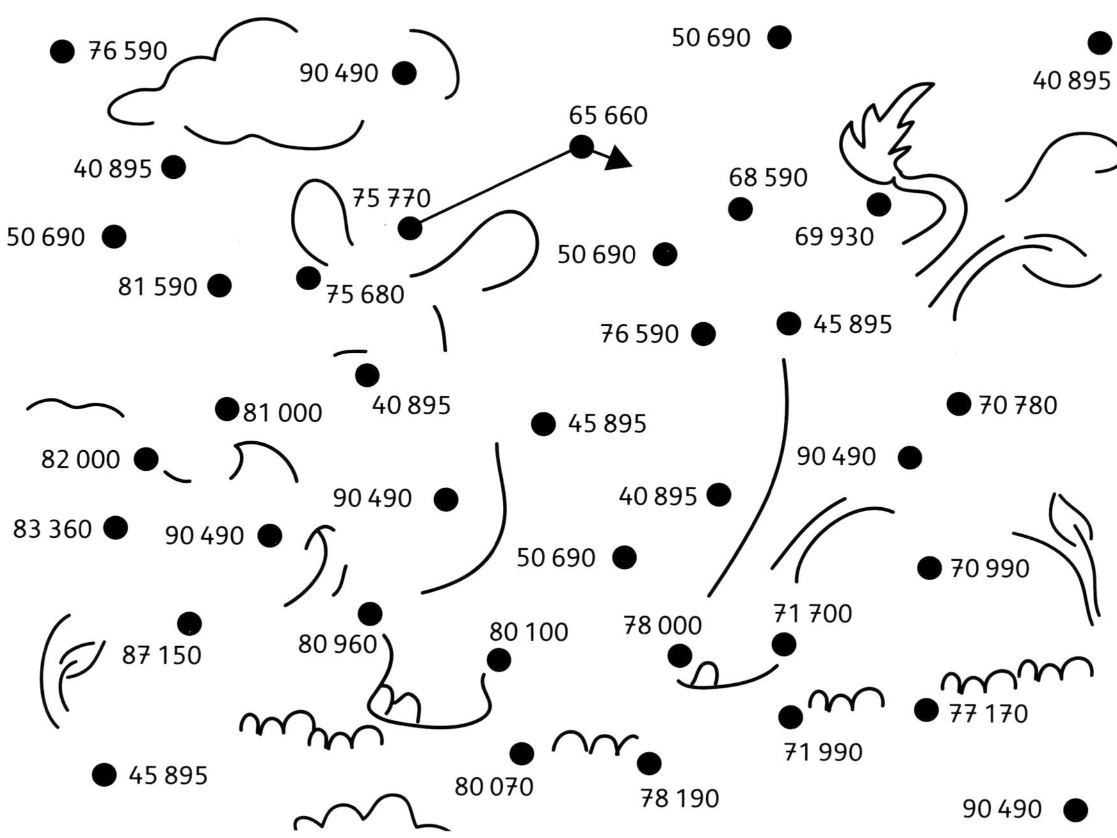

① 4 830 + 60 830 = 65 660

② 61 270 + 7 320 = ______

③ 8 590 + 61 340 = ______

④ 5 840 + 64 940 = ______

⑤ 2 980 + 68 010 = ______

⑥ 35 350 + 41 820 = ______

⑦ 5 550 + 66 440 = ______

⑧ 65 300 + 6 400 = ______

⑨ 58 100 + 19 900 = ______

⑩ 42 460 + 35 730 = ______

⑪ 29 240 + 50 830 = ______

⑫ 70 200 + 9 900 = ______

⑬ 72 200 + 8 760 = ______

⑭ 4 080 + 83 070 = ______

⑮ 8 060 + 75 300 = ______

⑯ 70 990 + 11 010 = ______

⑰ 52 350 + 29 240 = ______

⑱ 40 010 + 40 990 = ______

⑲ 6 430 + 69 250 = ______

⑳ 69 400 + 6 370 = ______

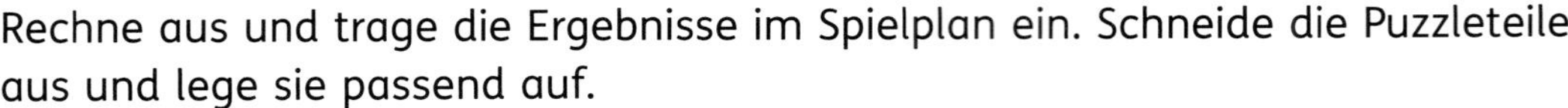

Subtraktion: 2- bis 3-stellig, eine Überschreitung

Rechne aus und trage die Ergebnisse im Spielplan ein. Schneide die Puzzleteile aus und lege sie passend auf.

Spielplan

470 – 190 = ______	490 – 29 = ______	47 – 19 = ______	680 – 403 = ______
570 – 190 = ______	200 – 90 = ______	70 – 49 = ______	800 – 180 = ______
888 – 229 = ______	858 – 229 = ______	70 – 56 = ______	700 – 570 = ______

Puzzleteile

Subtraktion: 3- bis 4-stellig, eine Überschreitung

Rechne aus und male nur die Felder mit den Ergebniszahlen mit einer Farbe aus.
Es ist ein Feld je Lösungszahl auszumalen.

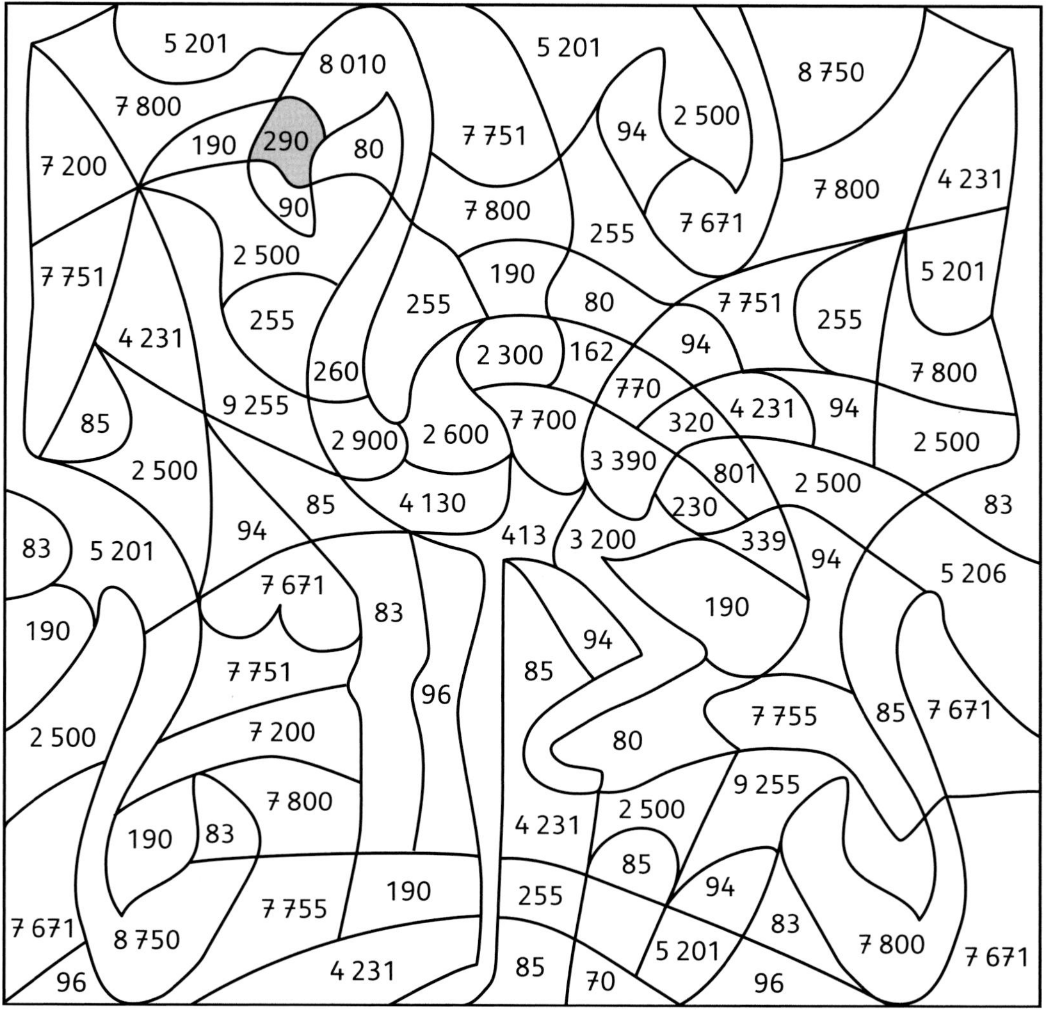

550 – 260 = 290

5 500 – 2 600 = ________

545 – 206 = ________

5 450 – 2 060 = ________

600 – 370 = ________

6 000 – 3 700 = ________

180 – 18 = ________

500 – 180 = ________

5 000 – 1 800 = ________

430 – 17 = ________

430 – 170 = ________

4 300 – 170 = ________

4 300 – 1 700 = ________

880 – 79 = ________

880 – 790 = ________

8 800 – 790 = ________

840 – 70 = ________

8 400 – 700 = ________

Subtraktion: Größere Zahlen, mehrere Überschreitungen

Rechne aus und trage die Ziffern der Ergebniszahlen wie im Beispiel ein.

A 2	4	B 2	0		C	D	E	
				F				
G			H				I	J
		K						
	L							
M			N					

waagerecht →

Ⓐ 4000 − 1580 = 2420

Ⓒ 8130 − 4650 = ______

Ⓕ 17017 − 9009 = ______

Ⓖ 510000 − 2500 = ______

Ⓘ 100000 − 99915 = ______

Ⓚ 126000 − 63000 = ______

Ⓛ 140004 − 69999 = ______

Ⓜ 20000 − 19945 = ______

Ⓝ 340000 − 169500 = ______

senkrecht ↓

Ⓐ 4700 − 1750 = ______

Ⓑ 29000 − 240 = ______

Ⓒ 301000 − 950 = ______

Ⓓ 8420 − 8380 = ______

Ⓔ 1000 − 112 = ______

Ⓕ 90006 − 9999 = ______

Ⓗ 10602 − 5301 = ______

Ⓙ 10600 − 5300 = ______

Ⓛ 10025 − 9950 = ______

Multiplikation: Kleines 1×1

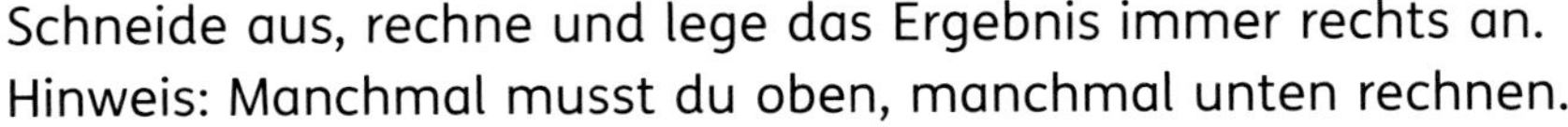

Schneide aus, rechne und lege das Ergebnis immer rechts an.
Hinweis: Manchmal musst du oben, manchmal unten rechnen.

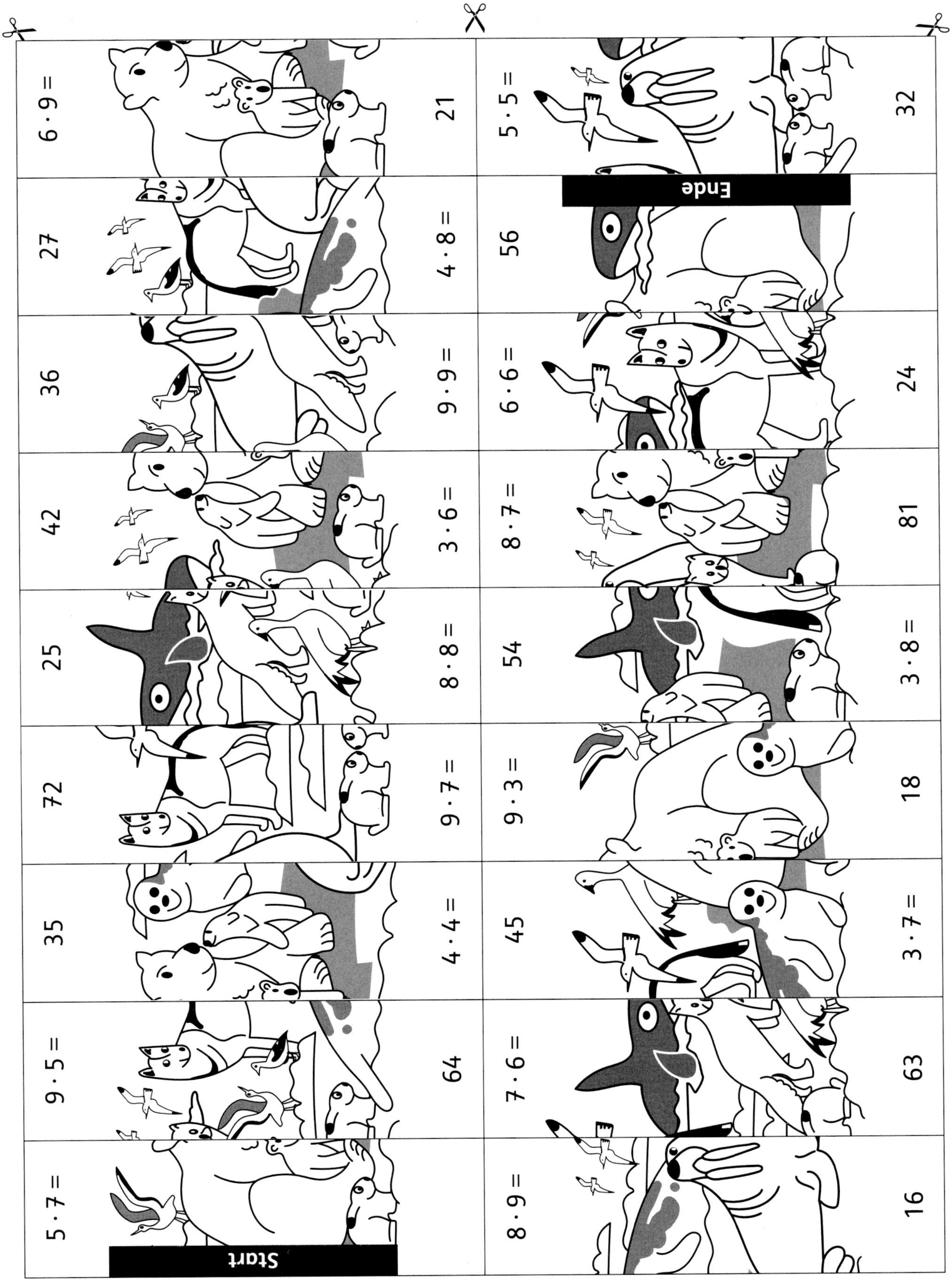

Karte	Feld 1	Feld 2
1	6 · 9 =	21
2	27	4 · 8 =
3	36	9 · 9 =
4	42	3 · 6 =
5	25	8 · 8 =
6	72	9 · 7 =
7	35	4 · 4 =
8	9 · 5 =	64
9	5 · 7 =	Start
10	5 · 5 =	32
11	56	Ende
12	6 · 6 =	24
13	8 · 7 =	81
14	54	3 · 8 =
15	9 · 3 =	18
16	45	3 · 7 =
17	7 · 6 =	63
18	8 · 9 =	16

Multiplikation: 1×1 mit Z, H und T

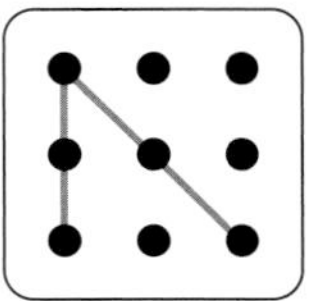

Rechne aus und verbinde die Punkte bei den Ergebnissen in der Reihenfolge der Aufgaben.

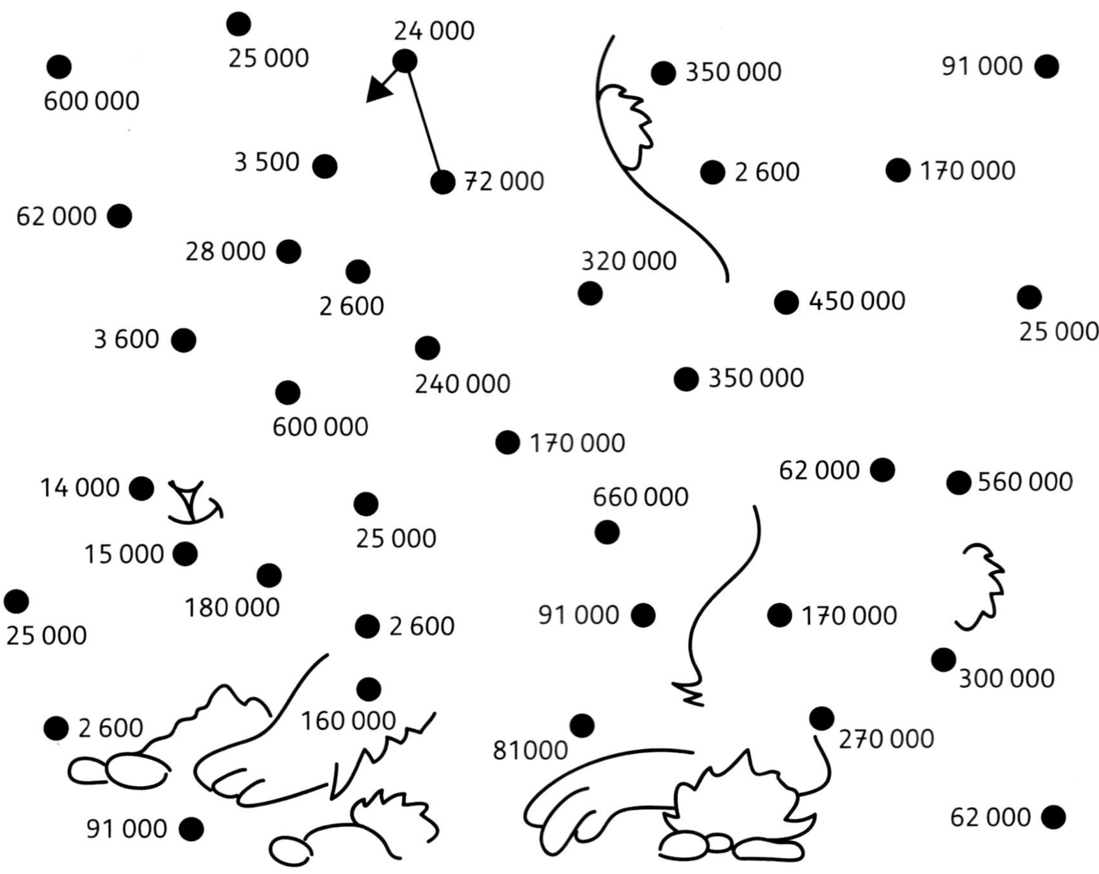

①	80 · 300 = 24 000	⑨	900 · 90 =
②	5 · 700 =	⑩	3 000 · 90 =
③	70 · 400 =	⑪	600 · 500 =
④	60 · 60 =	⑫	70 · 8 000 =
⑤	700 · 20 =	⑬	500 · 900 =
⑥	500 · 30 =	⑭	400 · 800 =
⑦	30 · 6 000 =	⑮	60 · 4 000 =
⑧	400 · 400 =	⑯	90 · 800 =

Multiplikation: 1-stellig mal 2-stellig

Rechne aus und male nur die Felder mit Ergebniszahlen mit einer Farbe aus.
Es sind zwei Felder je Lösungszahl auszumalen.

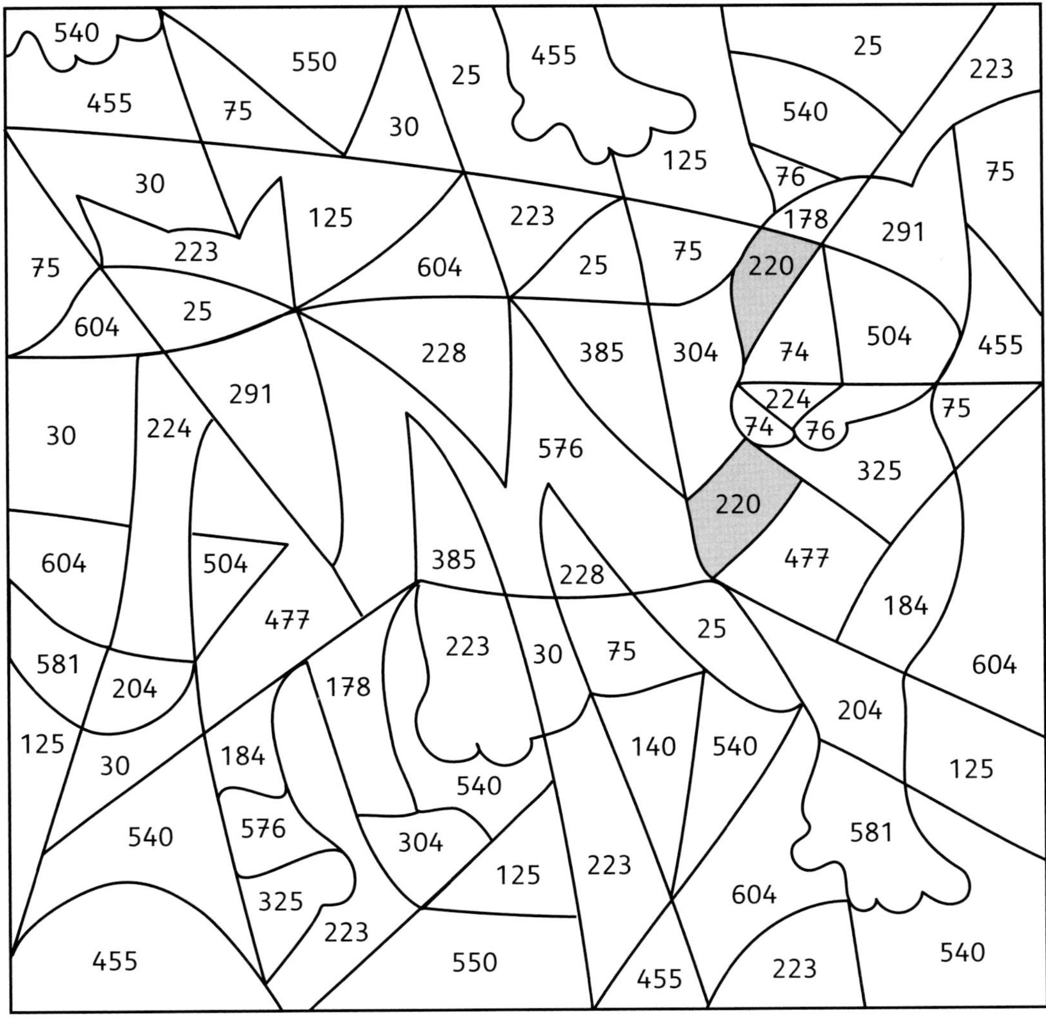

5 · 44 = 220

2 · 37 = ______

9 · 53 = ______

8 · 28 = ______

4 · 76 = ______

2 · 89 = ______

5 · 65 = ______

9 · 56 = ______

3 · 97 = ______

8 · 23 = ______

3 · 68 = ______

7 · 83 = ______

5 · 77 = ______

9 · 64 = ______

2 · 38 = ______

4 · 57 = ______

Division: Kleines 1:1

Rechne, schneide die Puzzleteile aus und lege sie passend auf.
Beachte dabei, dass es Aufgaben mit und ohne Kreis gibt.

Spielplan

12 : 4 = ___	18 : 6 = ___	30 : 5 = ___	36 : 6 = ___	70 : 7 = ___
25 : 5 = ___	21 : 3 = ___	90 : 9 = ___	18 : 9 = ___	49 : 7 = ___
27 : 3 = ___	81 : 9 = ___	32 : 4 = ___	1 : 1 = ___	16 : 8 = ___
40 : 5 = ___	10 : 10 = ___	15 : 3 = ___	20 : 5 = ___	28 : 7 = ___

Puzzleteile

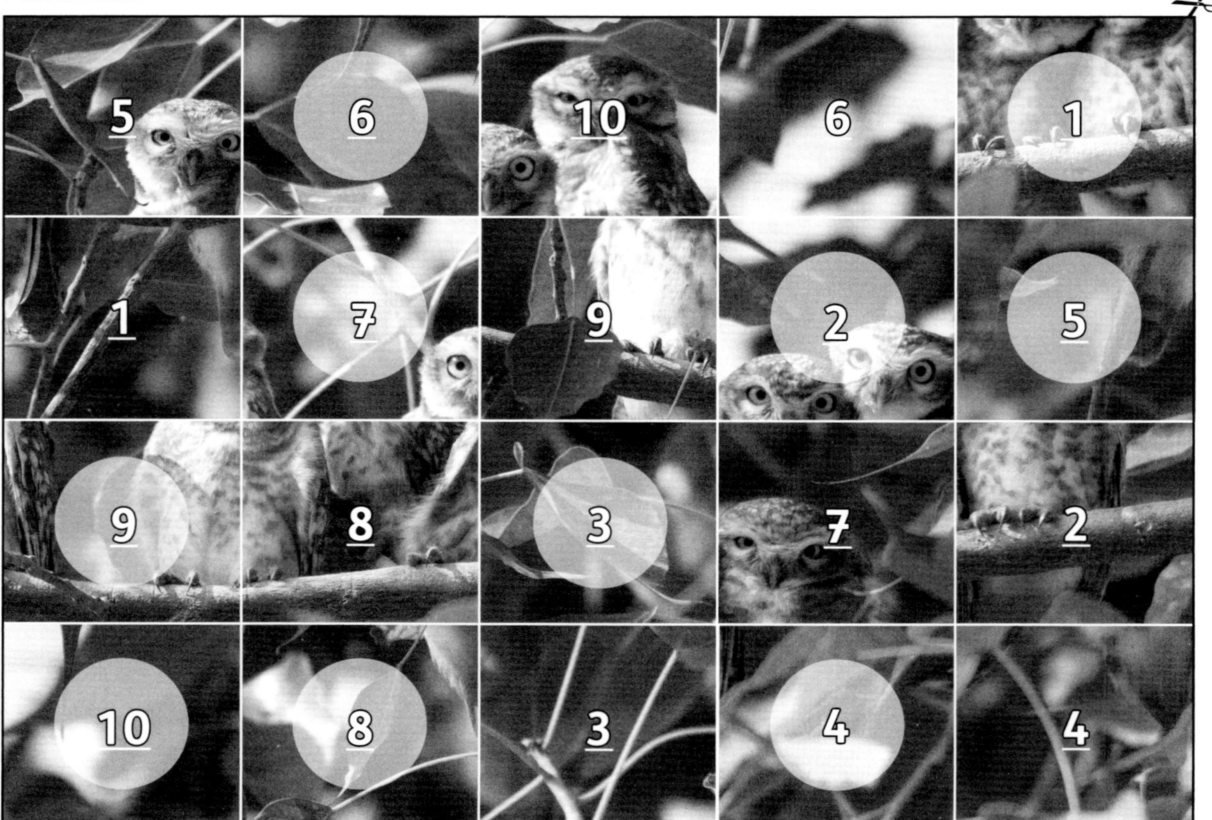

Division: 1:1 mit glatten Z- und H-Stellen

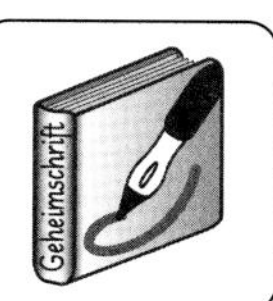

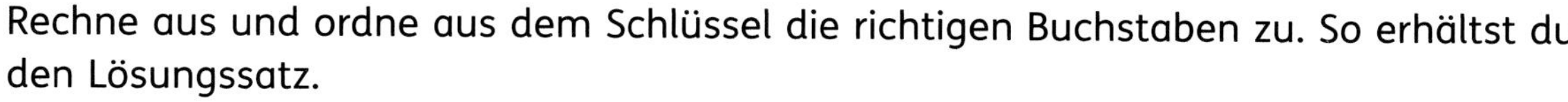

Rechne aus und ordne aus dem Schlüssel die richtigen Buchstaben zu. So erhältst du den Lösungssatz.

280 : 7 =	40	Lie	280 : 70 =		
720 : 8 =			480 : 8 =		
7 200 : 800 =			300 : 60 =		
6 400 : 80 =			150 : 5 =		
640 : 80 =			140 : 7 =		
630 : 9 =			600 : 600 =		
1 000 : 10 =			300 : 6 =		
1 000 : 100 =			1 500 : 500 =		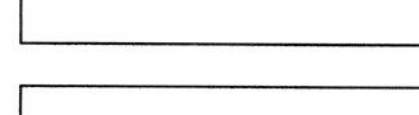
140 : 70 =			4 800 : 800 =		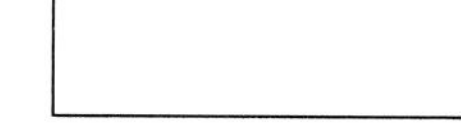

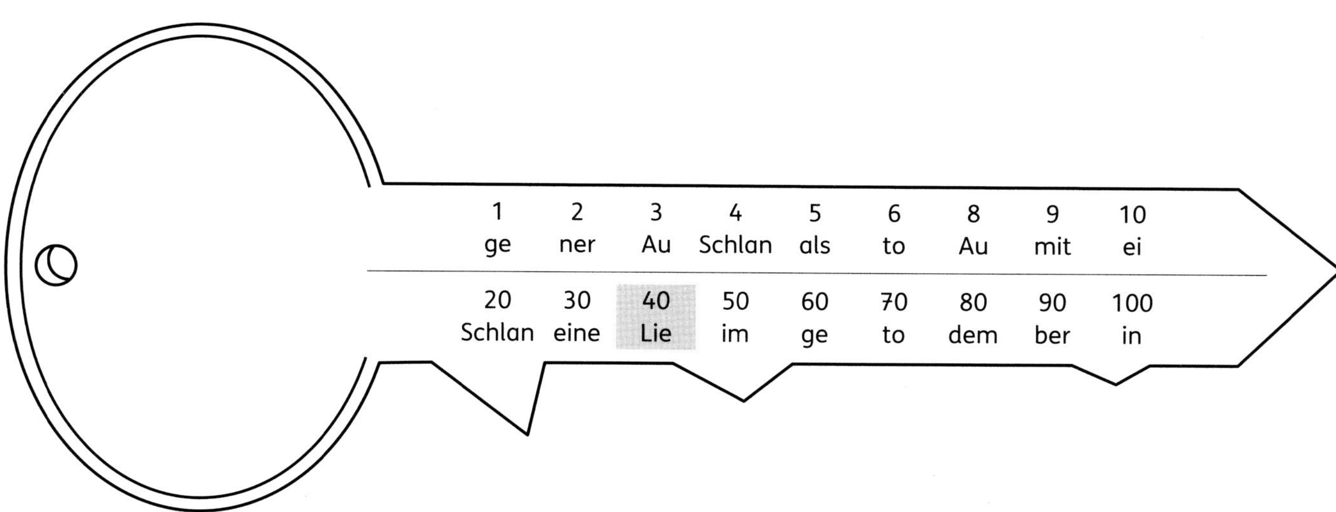

Lösungssatz:

Lie -				-	
	-		-	,	
	-			-	.

Division: Großes 1:1

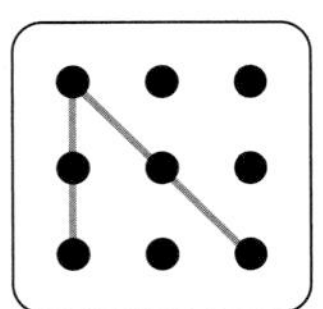

Rechne aus und verbinde die Punkte bei den Ergebnissen in der Reihenfolge der Aufgaben. Achtung: Es gibt 2 Aufgabenblöcke mit je einer eigenen Figur.

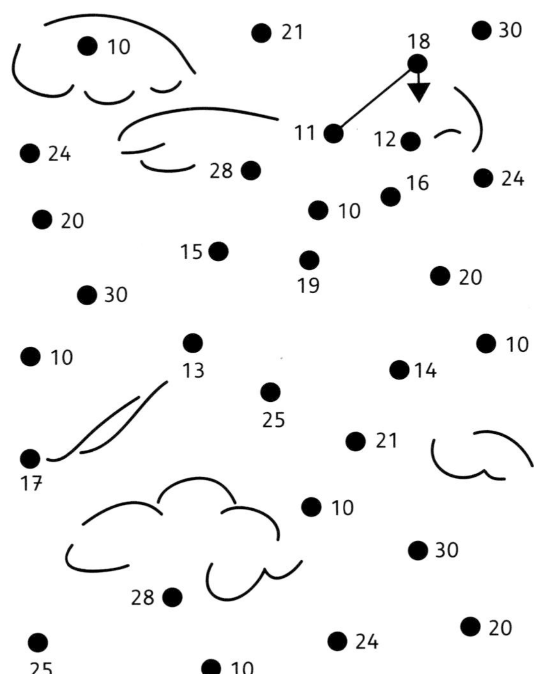

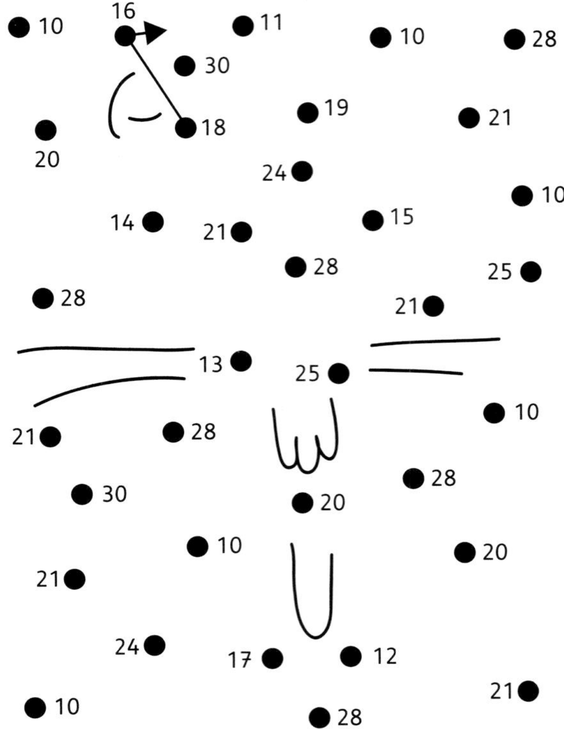

36 : 2 = 18

84 : 7 = ______

128 : 8 = ______

28 : 2 = ______

190 : 10 = ______

39 : 3 = ______

85 : 5 = ______

60 : 4 = ______

99 : 9 = ______

32 : 2 = 16

33 : 3 = ______

114 : 6 = ______

105 : 7 = ______

60 : 5 = ______

68 : 4 = ______

130 : 10 = ______

112 : 8 = ______

162 : 9 = ______

Alle Grundrechenarten: Gemischt

Rechne aus und male nur die Felder mit Ergebniszahlen aus.
Es sind zwei Felder je Lösungszahl auszumalen.

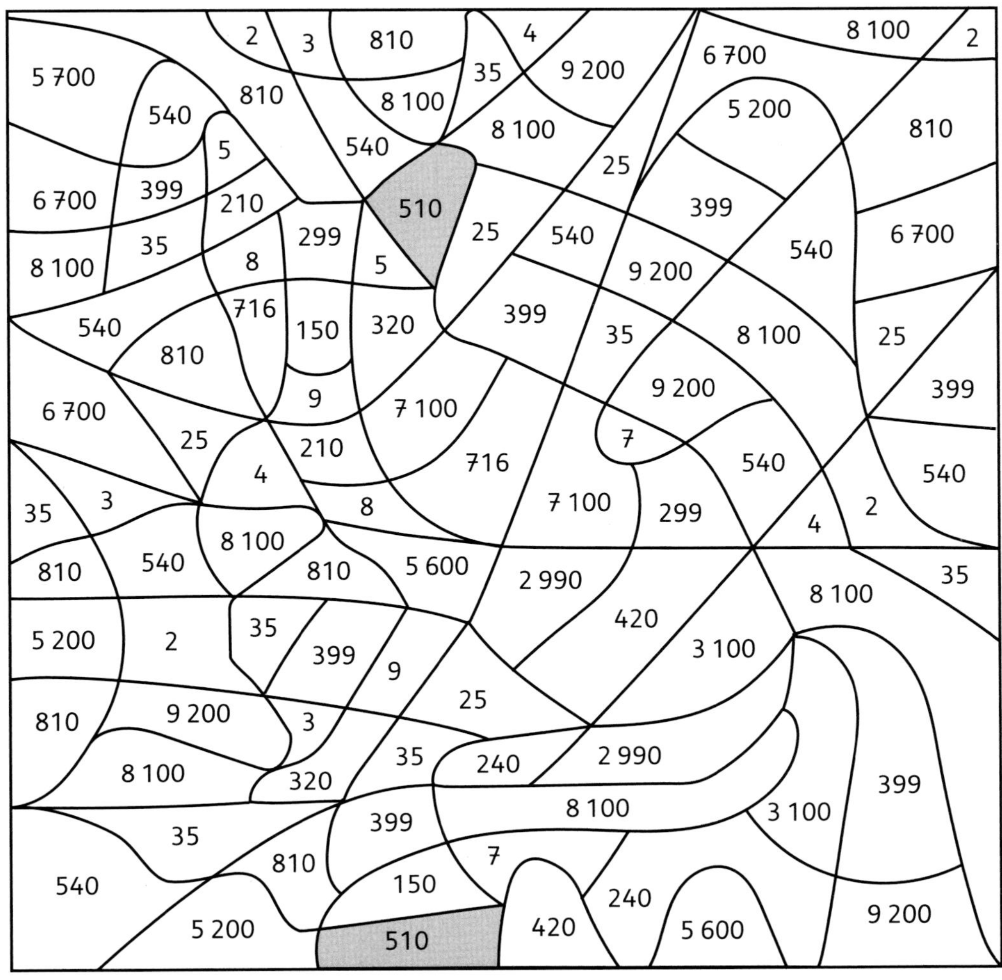

120 + 390 = 510	8 · 40 = ______
608 + 108 = ______	7 · 60 = ______
4 500 + 2 600 = ______	30 · 5 = ______
2 800 + 2 800 = ______	80 · 3 = ______
700 − 490 = ______	64 : 8 = ______
8 000 − 4 900 = ______	54 : 6 = ______
608 − 309 = ______	35 : 7 = ______
6 080 − 3 090 = ______	21 : 3 = ______

Alle Grundrechenarten: Gemischt

Rechne aus und trage die Ziffern der Ergebniszahlen wie im Beispiel ein.

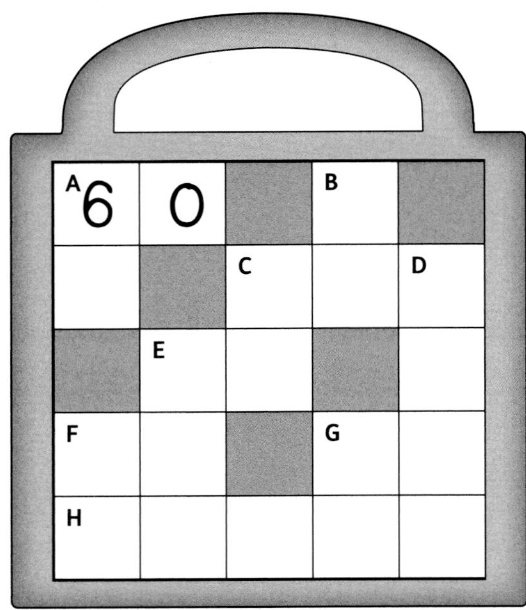

waagerecht →

Ⓐ 4 · 15 = 60

Ⓒ 1 000 – 889 = ______

Ⓔ 10 014 – 9 999 = ______

Ⓕ 16 · 3 = ______

Ⓖ 4 200 : 70 = ______

Ⓗ 18 900 + 6 500 = ______

senkrecht ↓

Ⓐ 5 · 13 = ______

Ⓑ 99 : 9 = ______

Ⓒ 75 : 5 = ______

Ⓓ 890 + 910 = ______

Ⓔ 500 – 315 = ______

Ⓕ 420 : 10 = ______

Ⓖ 5 400 : 90 = ______

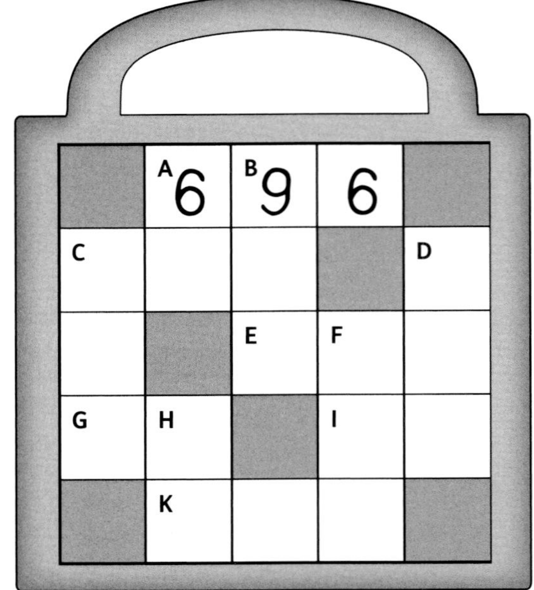

waagerecht →

Ⓐ 3 · 232 = 696

Ⓒ Die Zahl hat zwei Einer mehr als Zehner und 2 Zehner mehr als Hunderter = ______

Ⓔ Die Summe der Einer und Zehner ergibt die Hunderterzahl = ______

Ⓖ Vielfaches von 16 = ______

Ⓘ Vielfaches von 13 = ______

Ⓚ 3 · 252 = ______

senkrecht ↓

Ⓐ Vielfaches von 16 = ______

Ⓑ Subtrahiere von der kleinsten vierstelligen Zahl das Doppelte von 17 = ______

Ⓒ 2 · 2 · 2 · 2 · 2 · 2 · 2 · 2 = ______

Ⓓ 366 · 2 = ______

Ⓕ Die Summe der Ziffern ergibt 14 = ______

Ⓗ Subtrahiere von der Zahl 111 ein Vielfaches von 8 = ______

Addition: 2 Summanden, bis 3 Überschreitungen

Rechne und male nur die Felder mit Ergebniszahlen mit einer Farbe aus.
Es sind zwei Felder je Lösungszahl auszumalen.

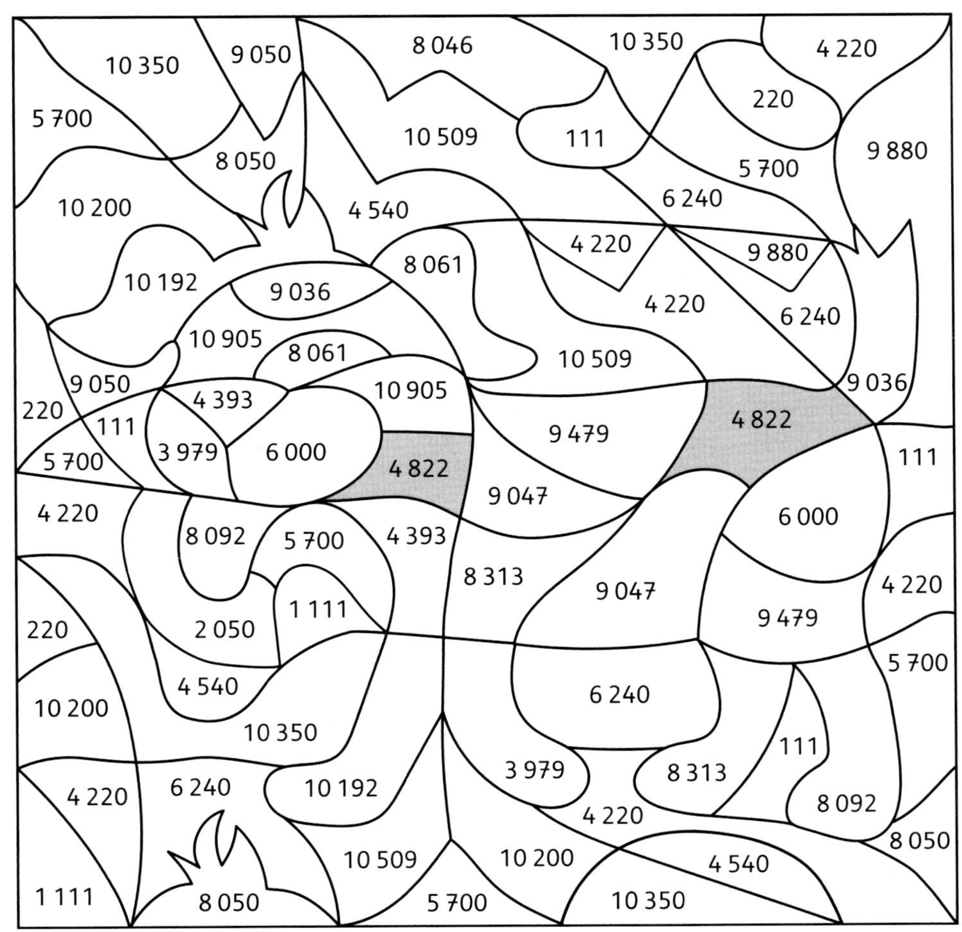

	4	3	2	8
+		4	9	4
		1	1	
	4	8	2	2

	7	4	7	3
+	2	7	1	9

		8	8	1
+	8	1	5	5

	2	7	6	5
+	5	2	9	6

	8	5	2	7
+		9	5	2

	2	7	9	8
+	8	1	0	7

		7	2	5
+	3	6	6	8

	5	5	3	8
+		4	6	2

		6	8	3
+	7	4	0	9

	3	4	1	2
+		5	6	7

	4	6	0	5
+	3	7	0	8

	7	0	8	5
+	1	9	6	2

Addition: Zahlen bis HT, mehrere Überschreitungen

Rechne, schneide die Puzzleteile aus und lege sie passend auf.

Spielplan

8875 + 64795 8 8 7 5 + 6 4 7 9 5	46945 + 7256	28735 + 7475	55937 + 7433
746 + 95774	3728 + 26584	52746 + 18774	71921 + 18789
82731 + 7379	54387 + 758	57856 + 3447	64887 + 5433

Puzzleteile

96520	55145	63370	36210
30312	90110	70320	73670
90710	71520	61303	54201

Addition: 3 Summanden nebeneinander

Rechne aus und ordne aus dem Schlüssel die richtigen Buchstaben zu.
So erhältst du den Lösungssatz.

Aufgabe	Ergebnis	Buchstaben
285 622 + 9 618 + 14 856 =	310 096	So
79 048 + 18 425 + 9 751 =		
454 334 + 85 767 + 155 396 =		
187 336 + 355 619 + 27 455 =		
95 836 + 49 326 + 103 213 =		
47 868 + 99 142 + 238 774 =		
51 339 + 74 812 + 763 =		
366 719 + 487 + 5 812 =		
7 821 + 497 328 + 8 624 =		
9 623 + 81 446 + 45 568 =		
5 953 + 296 309 + 314 795 =		
637 + 324 066 + 287 419 =		

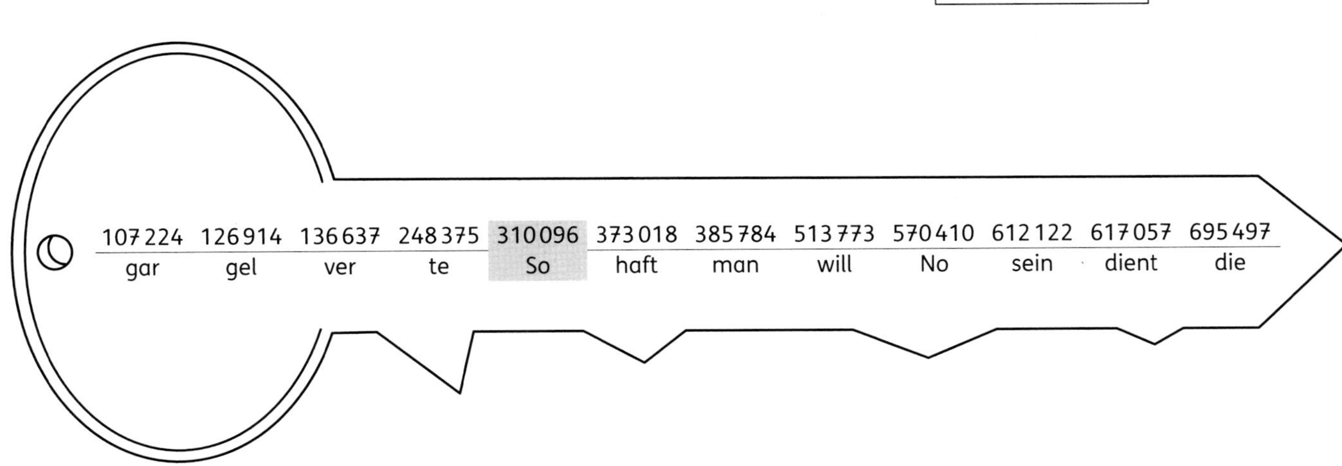

107 224 gar
126 914 gel
136 637 ver
248 375 te
310 096 So
373 018 haft
385 784 man
513 773 will
570 410 No
612 122 sein
617 057 dient
695 497 die

Lösungssatz:

So -			-		-
-			-		.

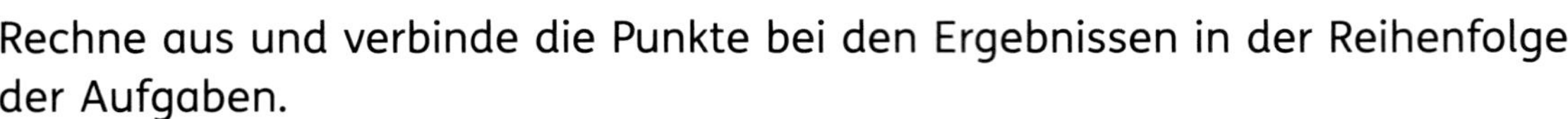

Subtraktion: 2 Zahlen, eine Überschreitung

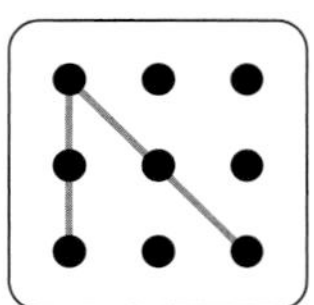

Rechne aus und verbinde die Punkte bei den Ergebnissen in der Reihenfolge der Aufgaben.

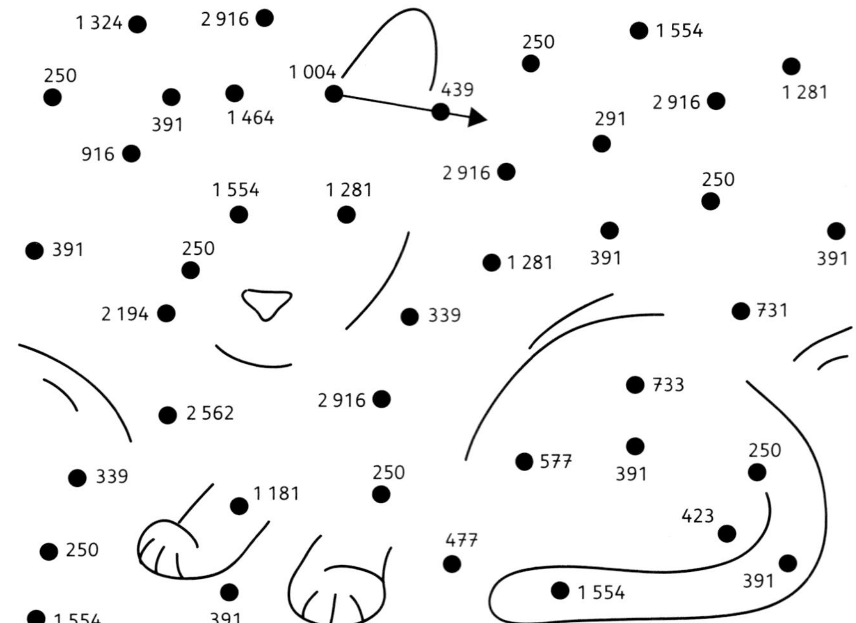

①

		6	8	4
–		2	4	5
			1	
		4	3	9

②

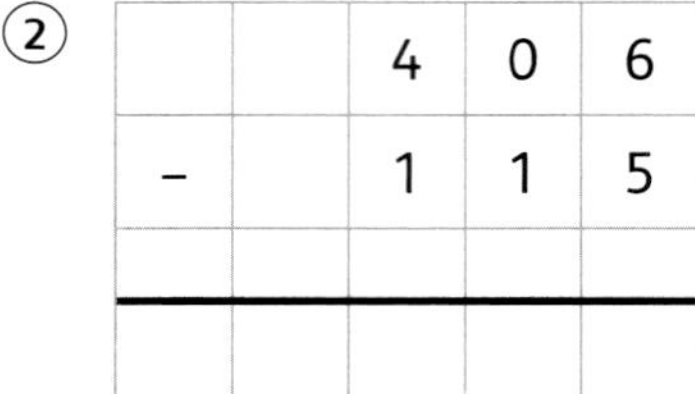

		4	0	6
–		1	1	5

③

		9	7	5
–		2	4	4

④

		6	9	8
–		2	7	5

⑤

		9	9	3
–		5	1	6

⑥

	3	8	1	8
–	2	6	3	7

⑦

	4	0	8	3
–	1	5	2	1

⑧

	3	7	0	5
–	1	5	1	1

⑨

	4	2	1	9
–	3	3	0	3

⑩

	1	9	9	0
–		6	6	6

⑪

	5	5	0	5
–	4	0	4	1

⑫

	1	8	1	2
–		8	0	8

Subtraktion: Zahlen bis HT, mehrere Überschreitungen

Rechne aus und male nur die Felder mit Ergebniszahlen mit einer Farbe aus. Es sind zwei Felder je Lösungszahl auszumalen.

24 503 – 12 611 = 11 892

35 726 – 24 611 = ______

7 918 – 3 829 = ______

22 317 – 11 882 = ______

6 009 – 4 444 = ______

60 009 – 44 444 = ______

14 516 – 7 710 = ______

32 637 – 31 914 = ______

50 500 – 50 438 = ______

36 738 – 3 673 = ______

8 005 – 7 040 = ______

90 080 – 80 090 = ______

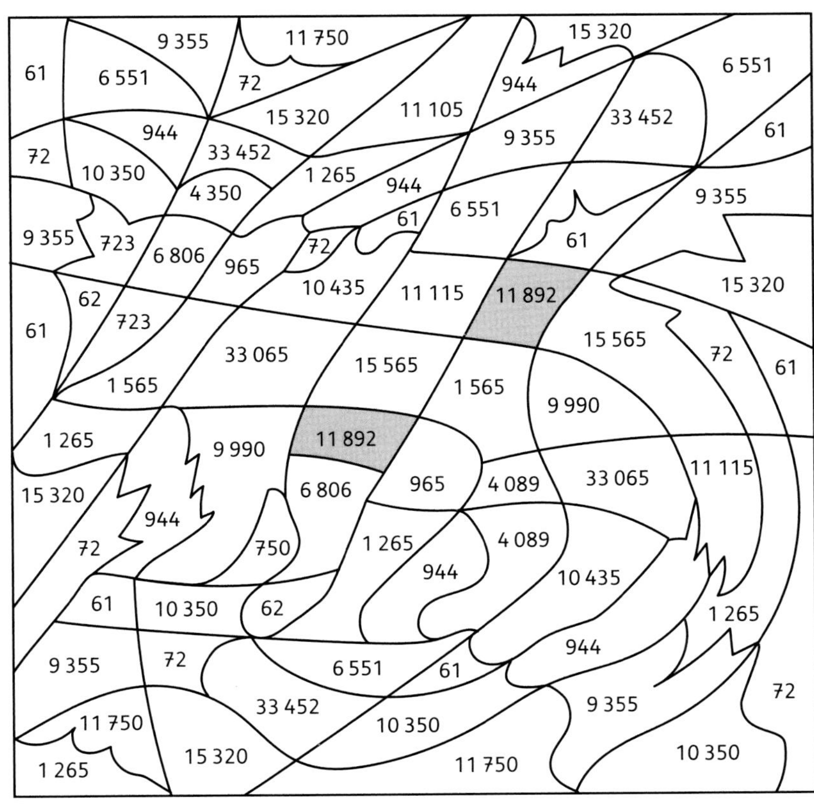

Platz zum Rechnen

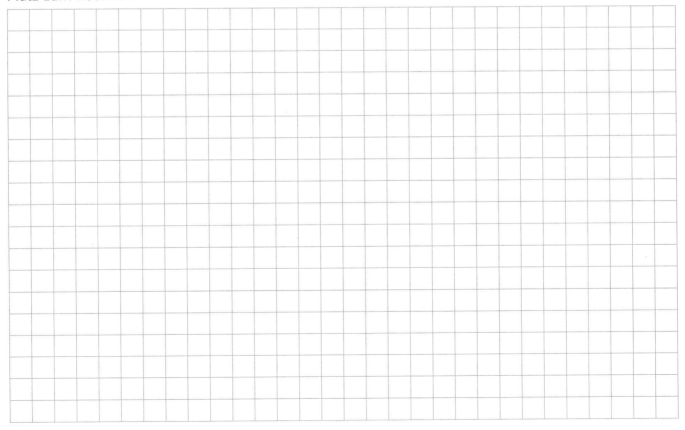

Subtraktion: 3 Zahlen, mehrere Überschreitungen

Rechne, schneide die Puzzleteile aus und lege sie passend auf.

Spielplan

8 6 5 2 − 3 5 4 6 − 2 9 5 4	4 6 5 2 − 8 6 9 − 7 3 4	6 4 8 9 − 4 5 6 − 2 7 8 3	8 3 4 5 − 7 3 1 − 4 2 3 8	9 1 0 3 − 4 6 7 0 − 2 3 4 6
4 3 6 7 − 9 1 8 − 7 0 8	7 2 3 5 − 2 7 8 9 − 1 2 6 4	5 2 1 7 − 3 2 0 1 − 6 8 7	6 2 4 9 − 4 2 0 3 − 1 0 0 9	3 9 8 7 − 7 3 5 − 4 8 6

Puzzleteile

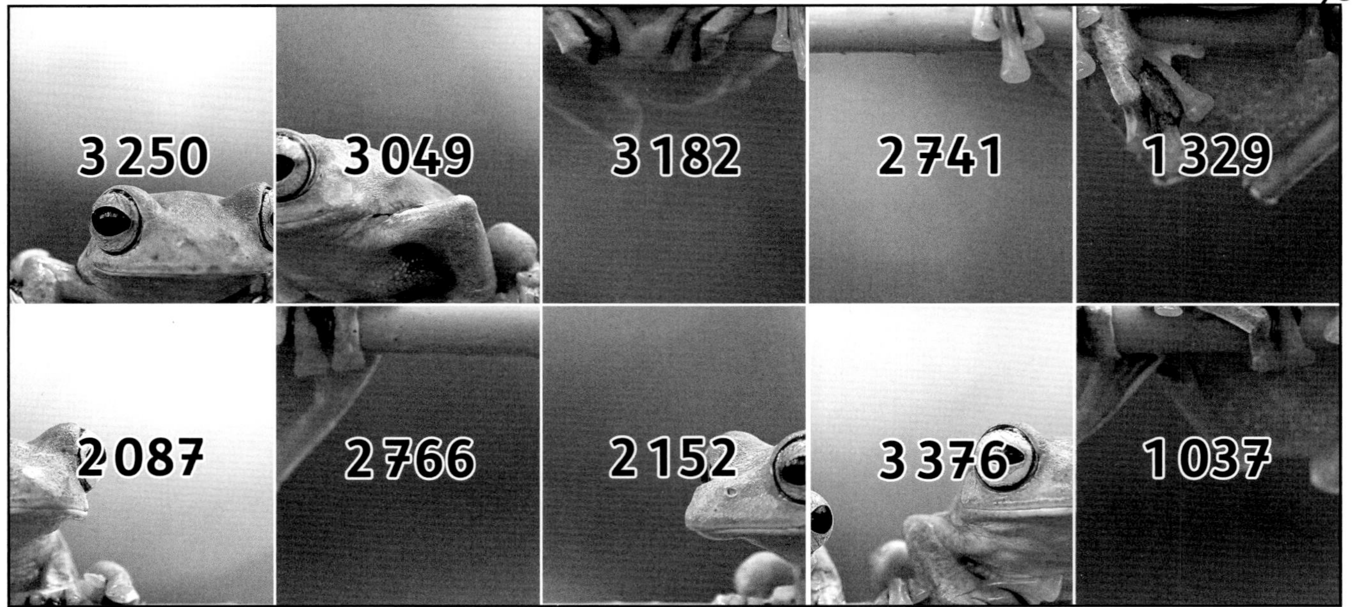

Multiplikation: 3-stellig

Rechne aus und verbinde die Punkte bei Ergebnissen in der Reihenfolge der Aufgaben.

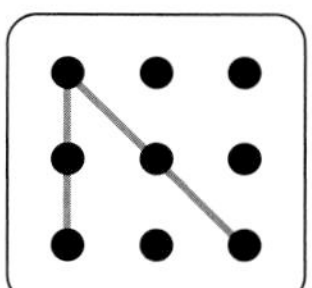

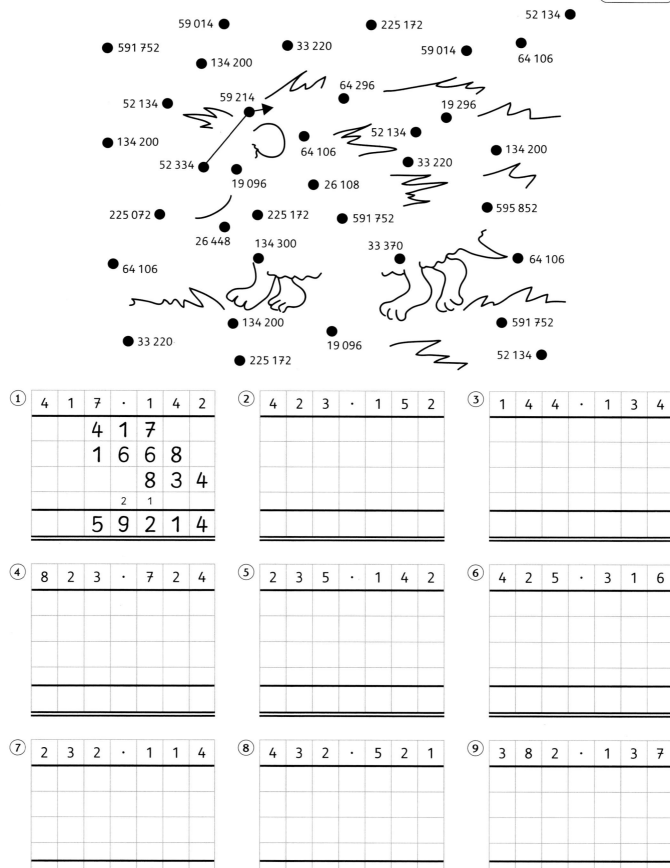

52 134
59 014 · 225 172
591 752 · 33 220 · 59 014 · 64 106
134 200
52 134 · 59 214 · 64 296 · 19 296
52 134
134 200 · 64 106 · 33 220 · 134 200
52 334 · 19 096 · 26 108
225 072 · 225 172 · 591 752 · 595 852
26 448 · 134 300 · 33 370 · 64 106
64 106
134 200 · 591 752
33 220 · 19 096 · 52 134
225 172

①

4	1	7	·	1	4	2
		4	1	7		
		1	6	6	8	
				8	3	4
			2	1		
		5	9	2	1	4

②

4	2	3	·	1	5	2

③

1	4	4	·	1	3	4

④

8	2	3	·	7	2	4

⑤

2	3	5	·	1	4	2

⑥

4	2	5	·	3	1	6

⑦

2	3	2	·	1	1	4

⑧

4	3	2	·	5	2	1

⑨

3	8	2	·	1	3	7

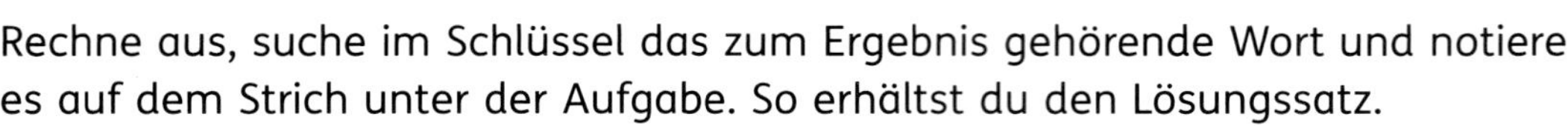

Multiplikation: 2-, 3- und 4-stellig

Rechne aus, suche im Schlüssel das zum Ergebnis gehörende Wort und notiere es auf dem Strich unter der Aufgabe. So erhältst du den Lösungssatz.

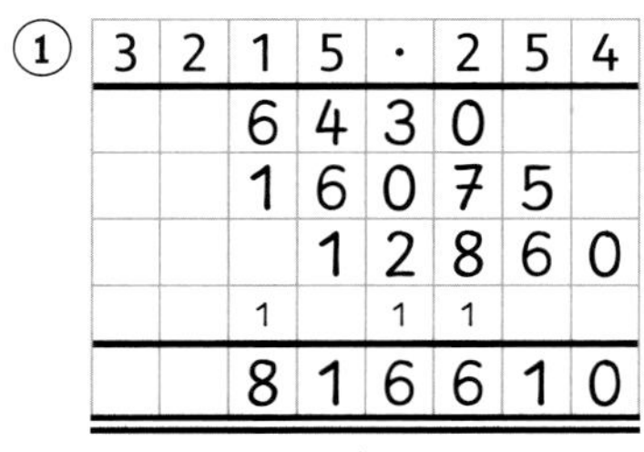

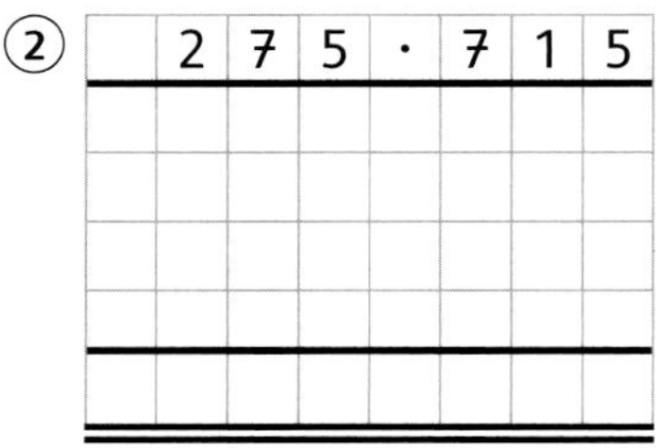

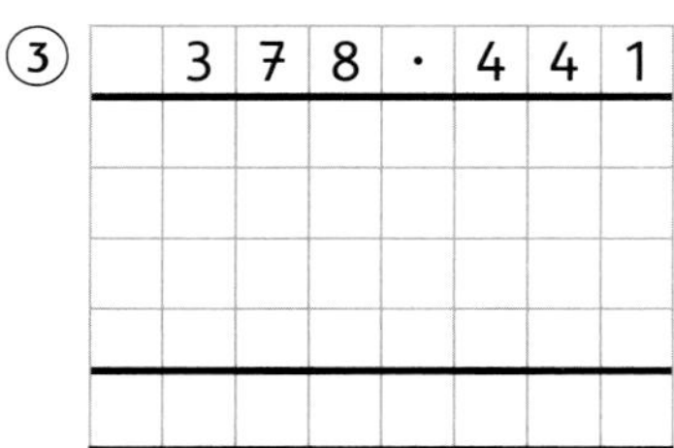

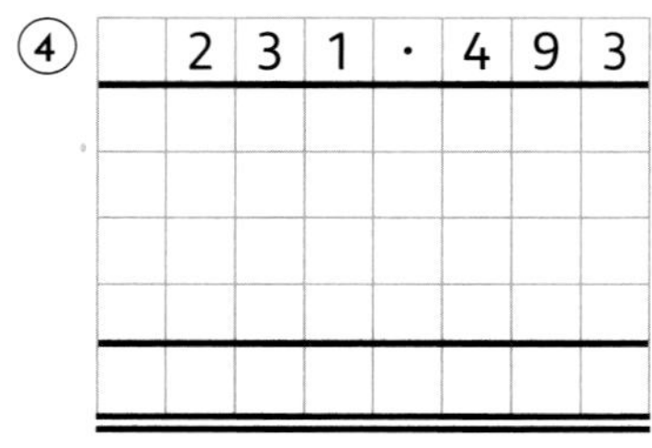

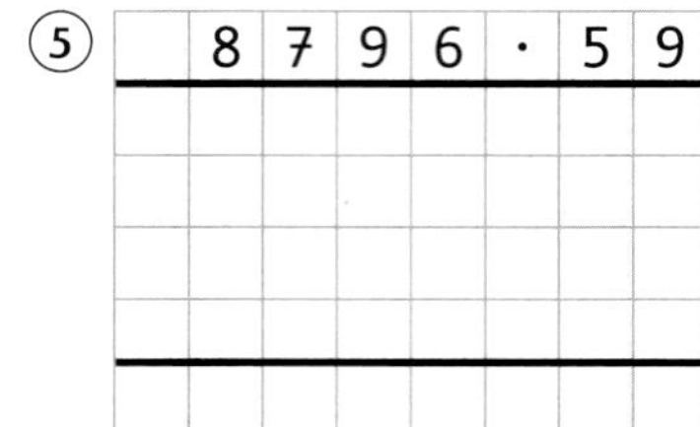

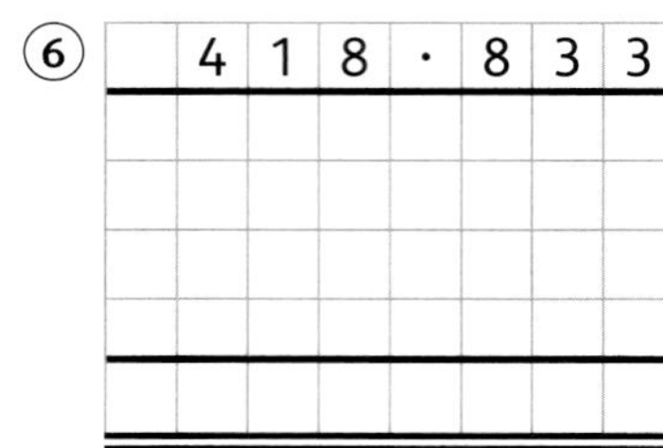

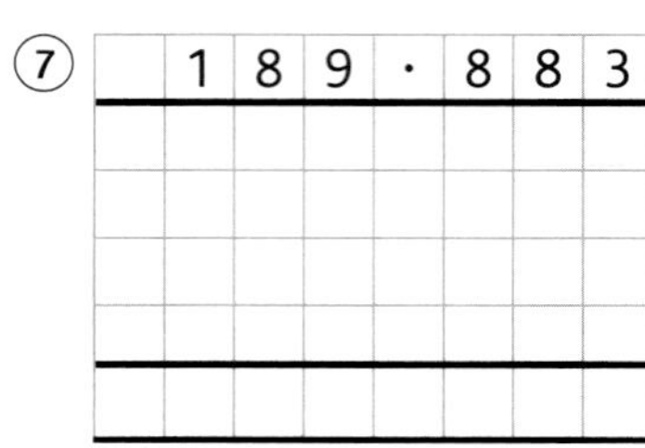

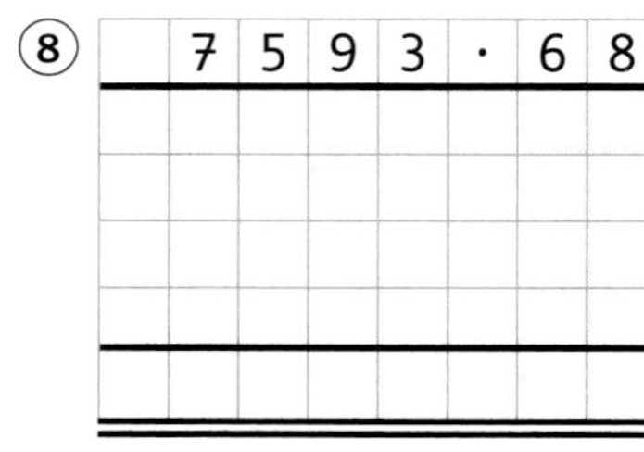

⑨ 3008 · 304

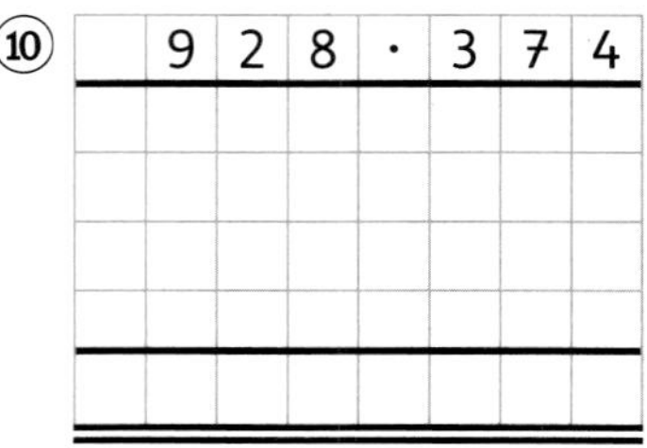

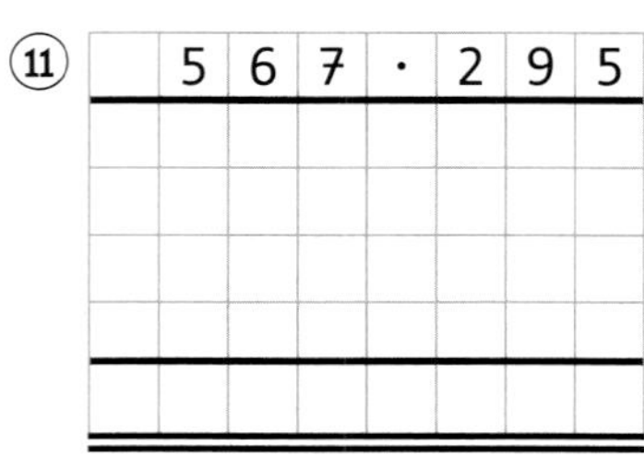

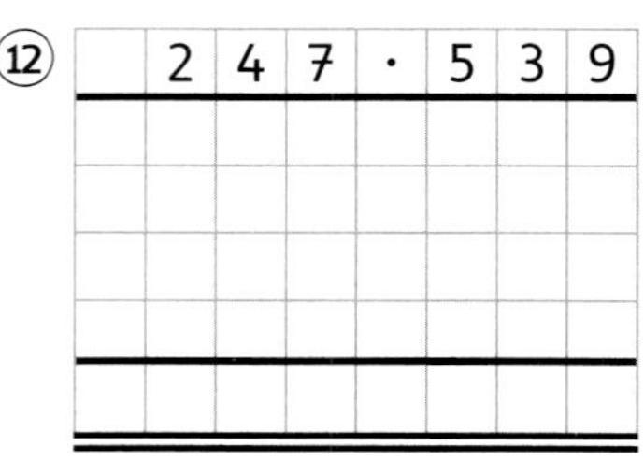

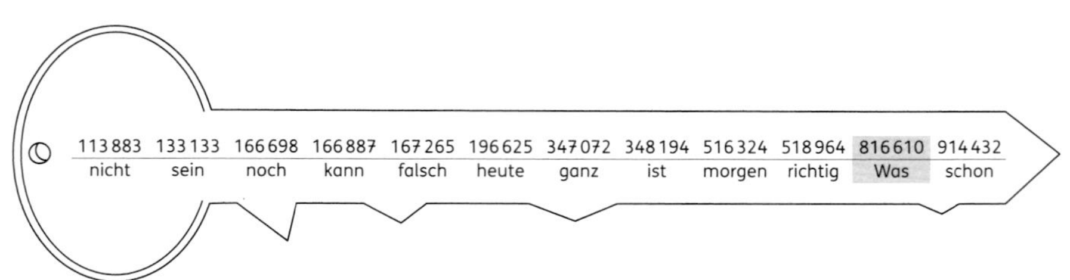

Lösungssatz:

Was					,
					.

Multiplikation: 2-, 3- und 4-stellig, Ziffer 0

Rechne, schneide die Puzzleteile aus und lege sie passend auf.

Spielplan

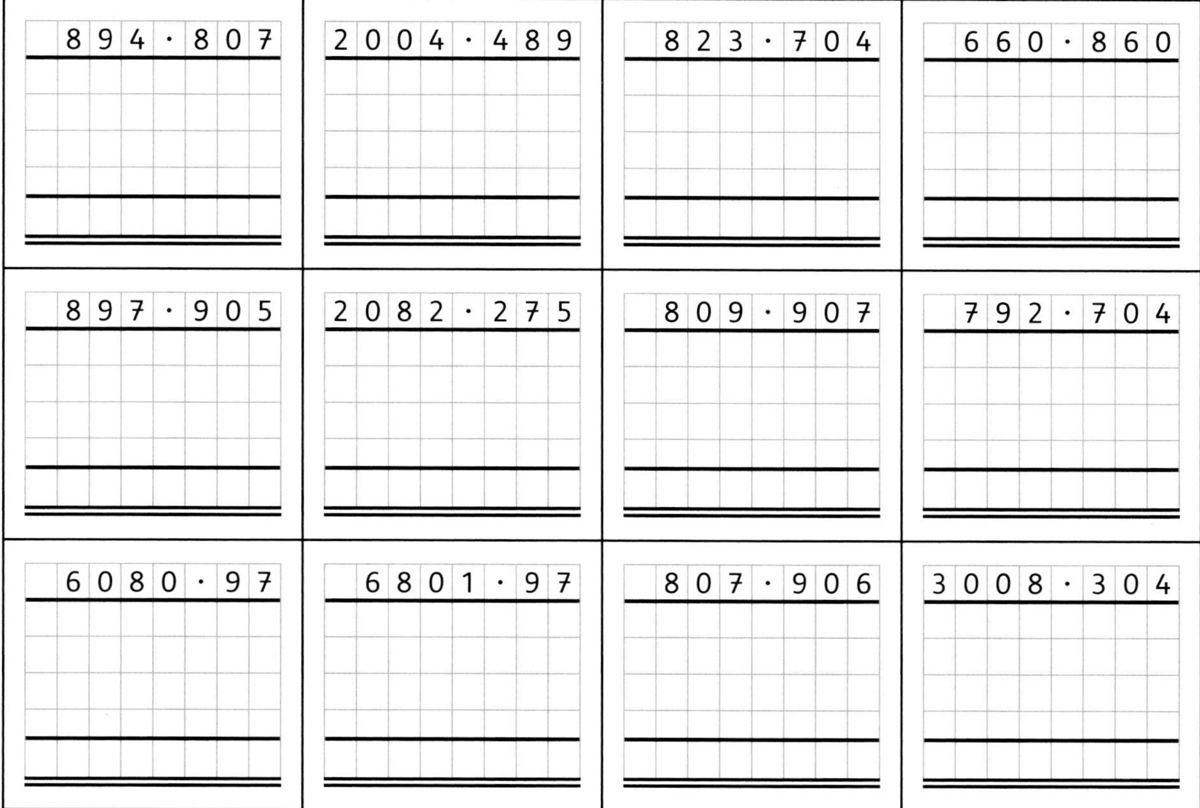

Puzzleteile

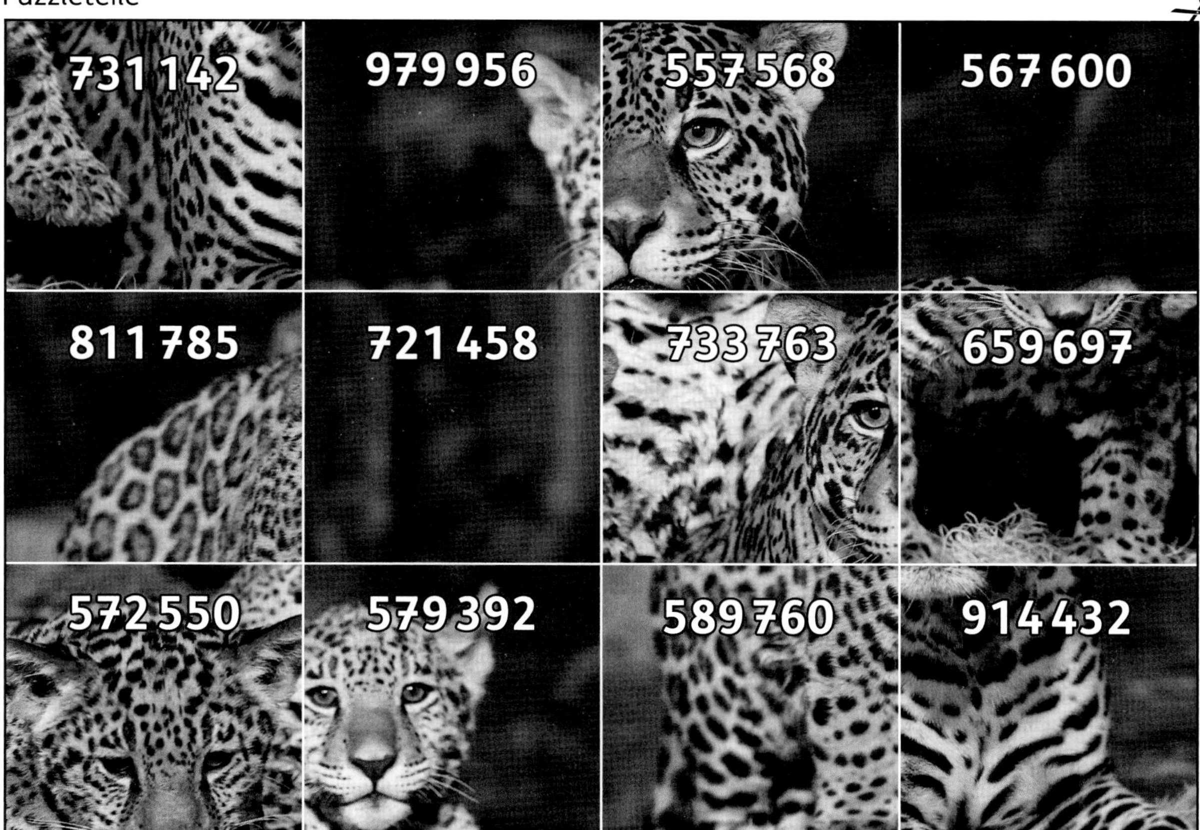

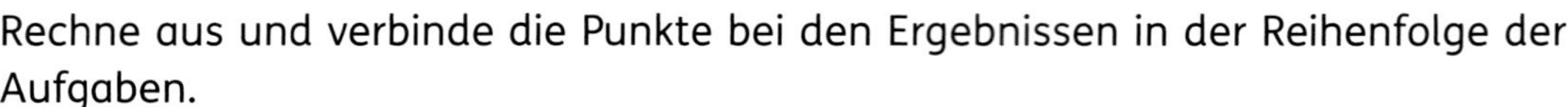

Division: 4-stellig, 1. Ziffer passt

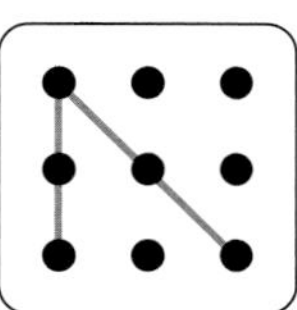

Rechne aus und verbinde die Punkte bei den Ergebnissen in der Reihenfolge der Aufgaben.

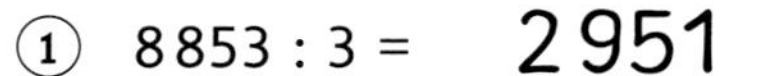

① 8853 : 3 = 2951

② 6172 : 4 = ______

③ 7743 : 3 = ______

④ 9536 : 8 = ______

⑤ 9198 : 7 = ______

⑥ 7668 : 6 = ______

⑦ 8324 : 4 = ______

⑧ 8050 : 5 = ______

⑨ 9081 : 9 = ______

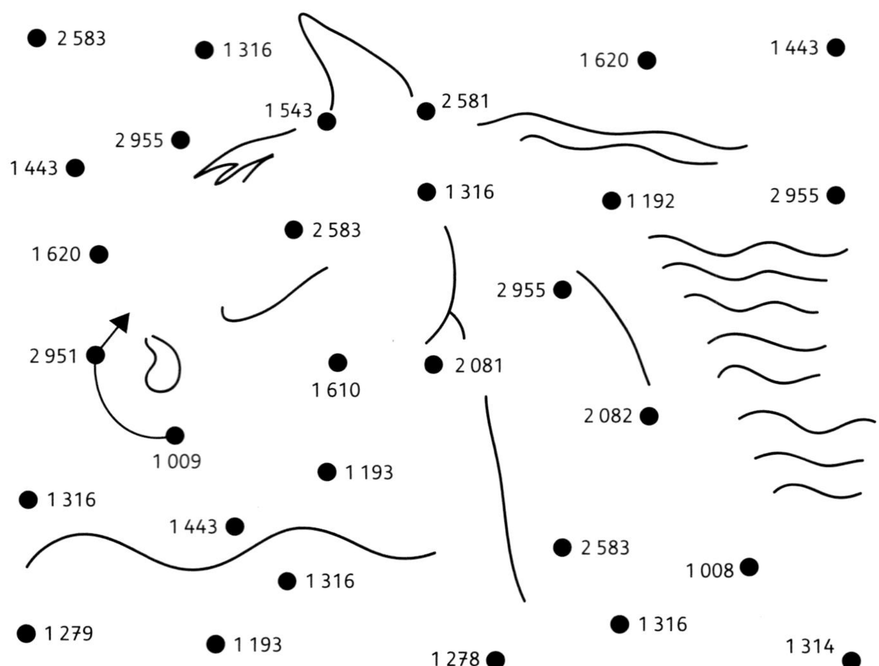

Platz zum Rechnen

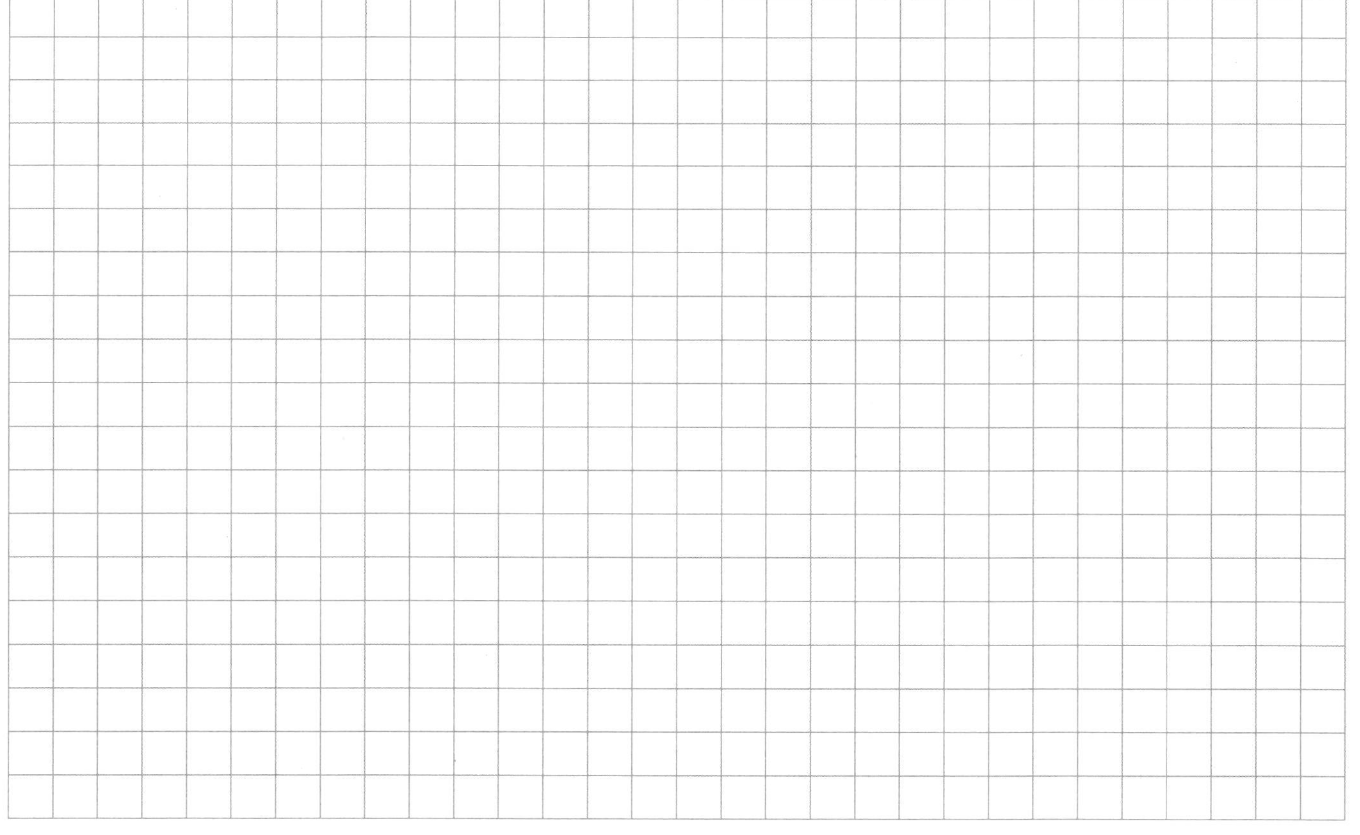

Division: 4- und 5-stellig, 1. Ziffer passt selten

Rechne aus und trage die Ziffern der Ergebniszahlen wie im Beispiel ein.

waagerecht →

Ⓐ 50512 : 8 = 6314

Ⓓ 21096 : 3 = ______

Ⓖ 6636 : 6 = ______

Ⓗ 49686 : 7 = ______

senkrecht ↓

Ⓐ 34020 : 5 = ______

Ⓑ 6868 : 4 = ______

Ⓒ 32080 : 8 = ______

Ⓔ 1545 : 5 = ______

Ⓕ 2412 : 9 = ______

Platz zum Rechnen

Division: 6-stellig, Ziffer 0

Rechne aus und male nur die Felder mit Ergebniszahlen mit einer Farbe aus.
Es sind zwei Felder je Lösungszahl auszumalen.

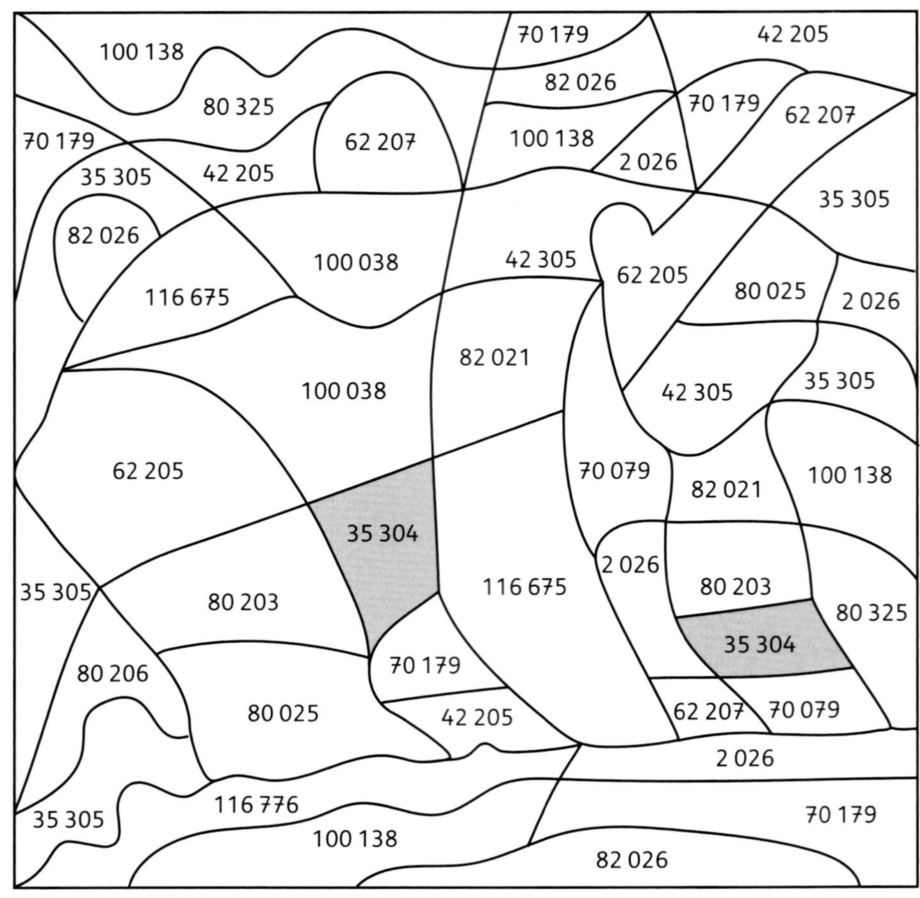

282 432 : 8 = 35 304

490 553 : 7 = ______________

211 525 : 5 = ______________

320 812 : 4 = ______________

320 100 : 4 = ______________

700 266 : 7 = ______________

246 063 : 3 = ______________

559 845 : 9 = ______________

700 050 : 6 = ______________

Platz zum Rechnen

Längen umrechnen: m, cm, mm

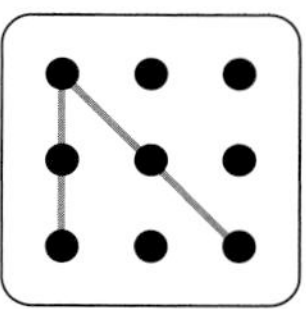

Wandle um und verbinde die Punkte bei den Ergebnissen in der Reihenfolge der Aufgaben.

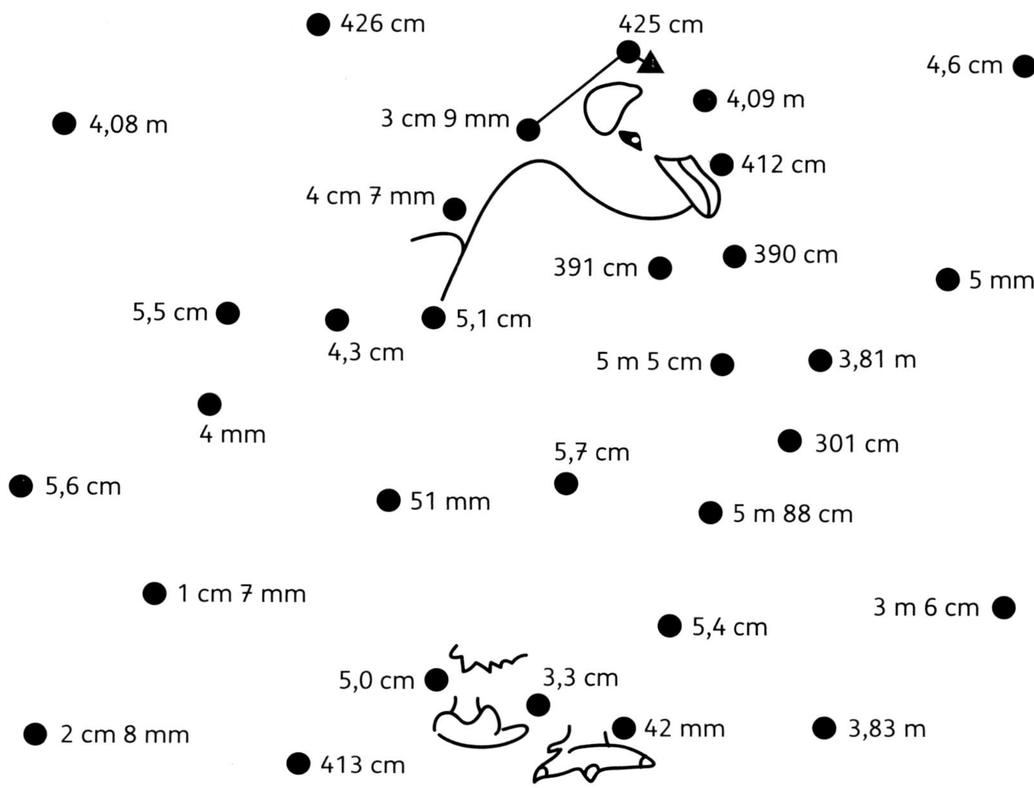

① 4,25 m = 425 cm

② 409 cm = ________ m

③ 4 m 12 cm = ________ cm

④ 3,90 m = ________ cm

⑤ 381 cm = ________ m

⑥ 3 m 1 cm = ________ cm

⑦ 5,05 m = ________ m ________ cm

⑧ 588 cm = ________ m ________ cm

⑨ 54 mm = ________ cm

⑩ 4,2 cm = ________ mm

⑪ 3 cm 3 mm = ________ cm

⑫ 50 mm = ________ cm

⑬ 5,1 cm = ________ mm

⑭ 5 cm 1 mm = ________ cm

⑮ 43 mm = ________ cm

⑯ 0,4 cm = ________ mm

⑰ 5 cm 5 mm = ________ cm

⑱ 47 mm = ________ cm ________ mm

⑲ 3,9 cm = ________ cm ________ mm

Längen umrechnen: km, m, cm

Wandle um und male nur die Felder mit Ergebniszahlen mit einer Farbe aus.
Es ist ein Feld je Lösungszahl auszumalen.

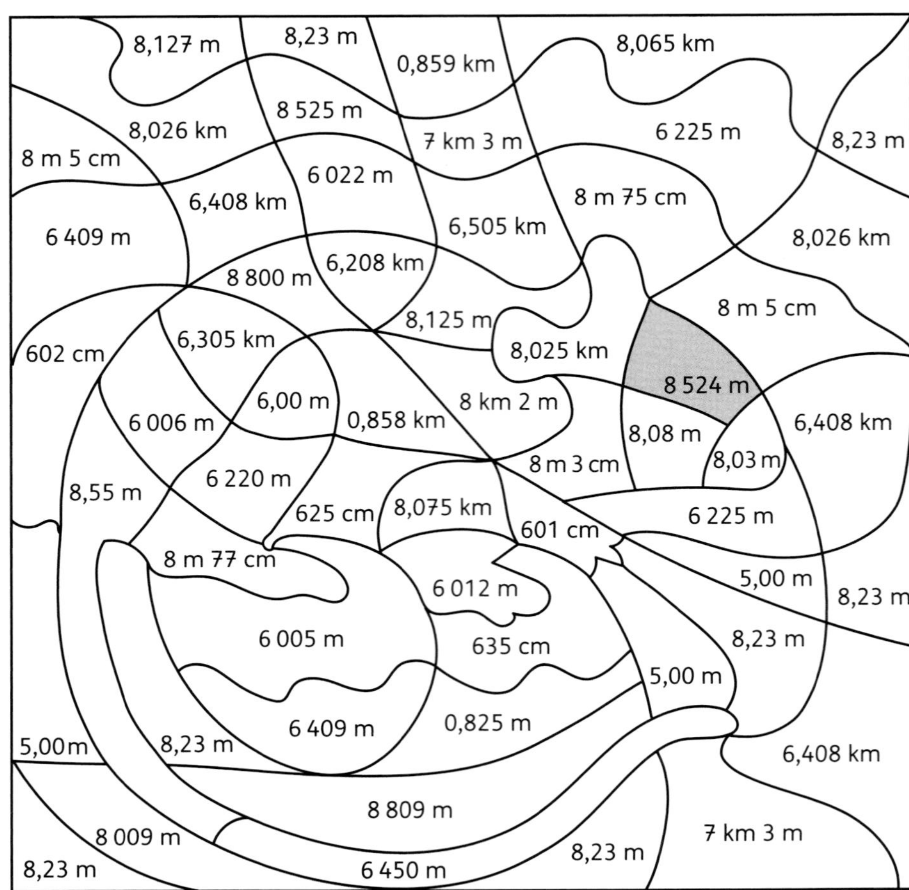

8,524 km = 8 524 m	8,8 km = ______ m
6,450 km = ______ m	6,25 m = ______ cm
8,002 km = ______ km ______ m	8,03 m = ______ m ______ cm
6,220 km = ______ m	8 km 125 m = ______ m
855 cm = ______ m	6 km 12 m = ______ m
600 cm = ______ m	8 km 75 m = ______ km
877 cm = ______ m ______ cm	6 km 6 m = ______ m
8025 m = ______ km	8 m 8 cm = ______ m
6208 m = ______ km	6 m 1 cm = ______ cm
858 m = ______ km	8 m 3 cm = ______ m
6305 m = ______ km	

Längen umrechnen: km, m , cm, mm

Welche Längen passen zusammen? Schneide die Puzzleteile aus und lege sie passend im Spielplan auf.

Spielplan

8 km	800 m	600 m	6 006 m
850 cm	80 cm	80 m	6 km
0,08 m	8 km 6 m	800 mm	600 mm
6 008 m	6,8 cm	0,060 km	6 m 8 cm

Puzzleteile

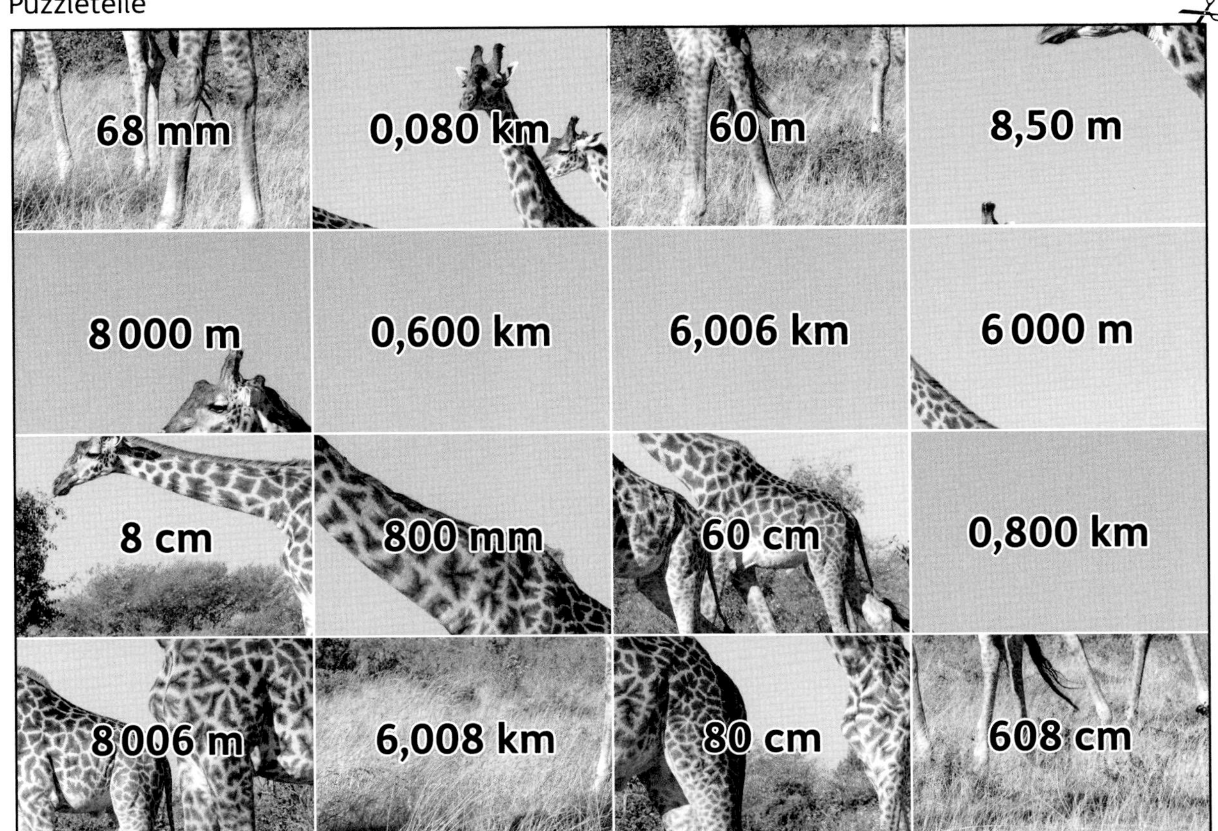

Gewichte umrechnen: kg, g

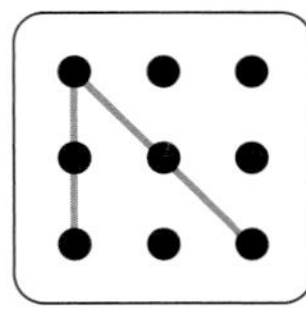

Rechne aus und verbinde die Punkte bei den Ergebnissen in der Reihenfolge der Aufgaben.

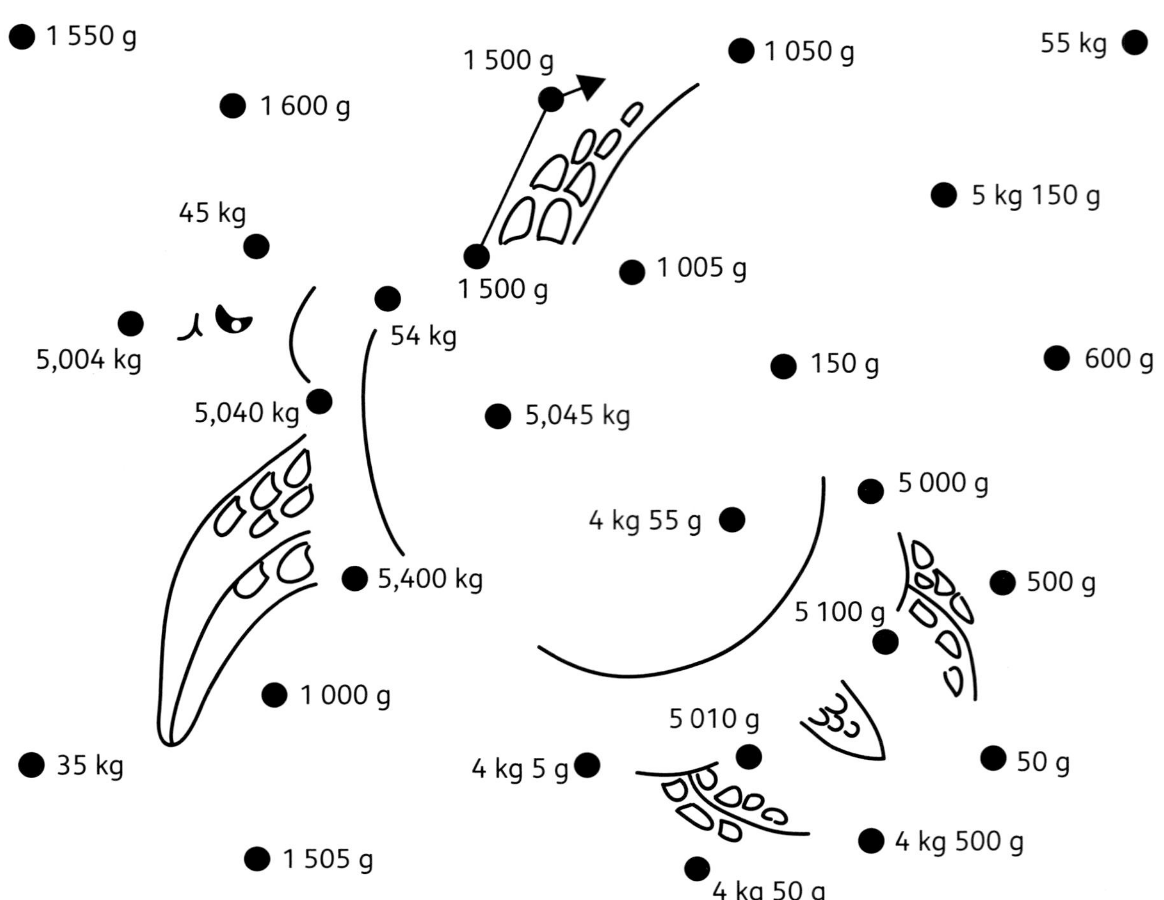

① 1,500 kg = 1 500 g

② 1 kg 50 g = ________ g

③ 1 kg 5 g = ________ g

④ 0,150 kg = ________ g

⑤ 5 kg = ________ g

⑥ 0,500 kg = ________ g

⑦ 0,050 kg = ________ g

⑧ 5,100 kg = ________ g

⑨ 5 kg 10 g = ________ g

⑩ 4 500 g = ____ kg ________ g

⑪ 4 050 g = ____ kg ________ g

⑫ 4 005 g = ____ kg ________ g

⑬ 5 400 g = ____,________ kg

⑭ 5 040 g = ____,________ kg

⑮ 5 004 g = ____,________ kg

⑯ 45 000 g = ________ kg

⑰ 54 000 g = ________ kg

⑱ 1 kg 500 g = ________ g

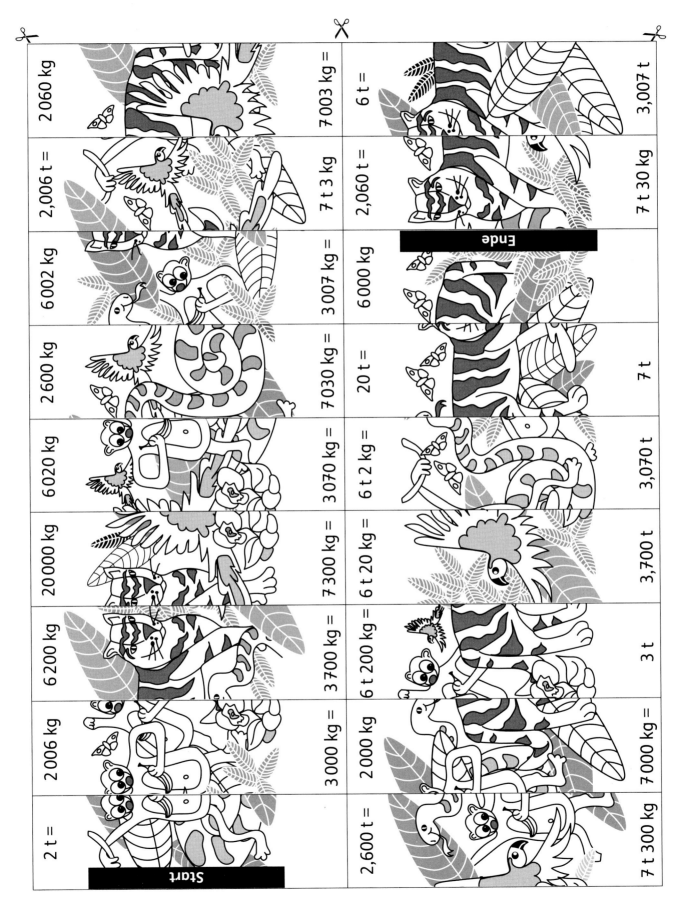

Gewichte umrechnen: t, kg

Schneide aus, rechne und lege das Ergebnis immer rechts an.

Karte	links	rechts
1	2 060 kg	7 003 kg =
2	2,006 t =	7 t 3 kg
3	6 002 kg	3 007 kg =
4	2 600 kg	7 030 kg =
5	6 020 kg	3 070 kg =
6	20 000 kg	7 300 kg =
7	6 200 kg	3 700 kg =
8	2 006 kg	3 000 kg =
9	2 t =	Start

Karte	links	rechts
1	6 t =	3,007 t
2	2,060 t =	7 t 30 kg
3	6 000 kg	Ende
4	20 t =	7 t
5	6 t 2 kg =	3,070 t
6	6 t 20 kg =	3,700 t
7	6 t 200 kg =	3 t
8	2 000 kg	7 000 kg =
9	2,600 t =	7 t 300 kg

Gewichte umrechnen: t, kg, g

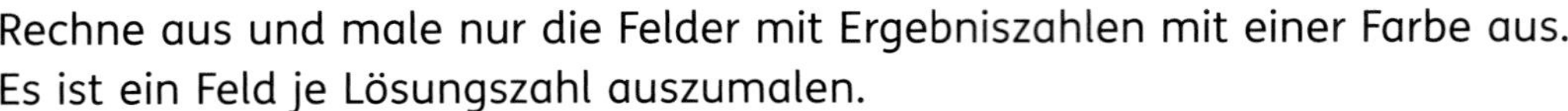

Rechne aus und male nur die Felder mit Ergebniszahlen mit einer Farbe aus.
Es ist ein Feld je Lösungszahl auszumalen.

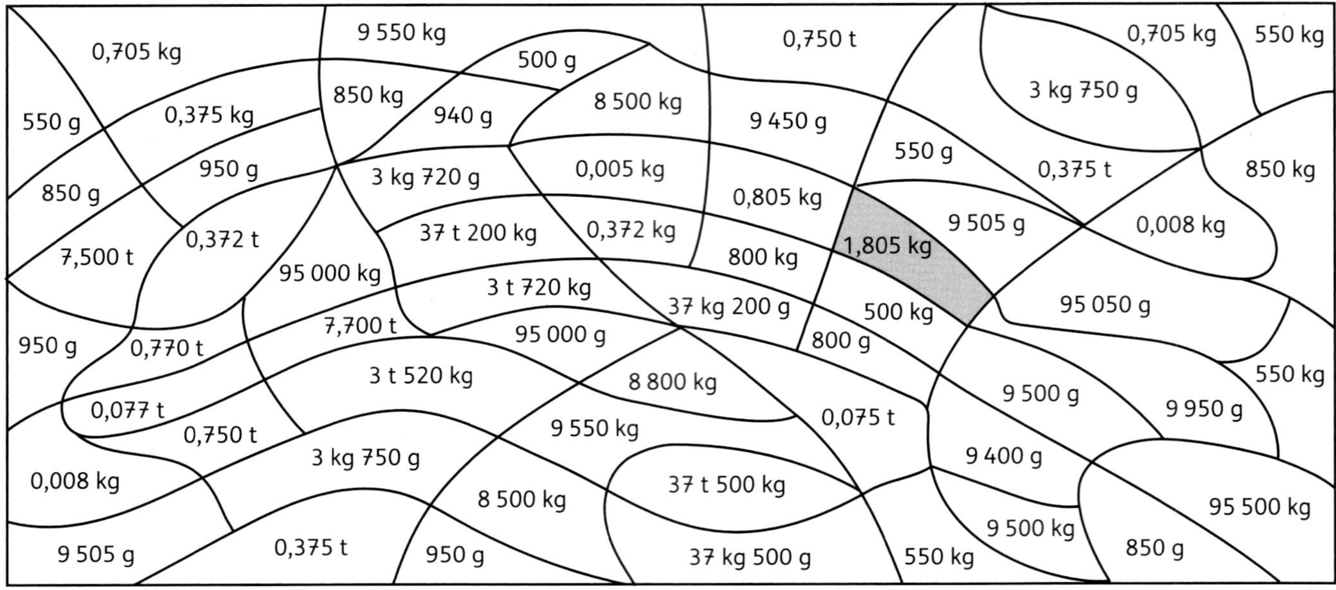

1 805 g	= 1,805 kg		9,400 kg	= ______ g
805 g	= ___,______ kg		9,5 kg	= ______ g
5 g	= ___,______ kg		9,950 kg	= ______ g
7 700 kg	= ___,______ t		95 t	= ______ kg
770 kg	= ___,______ t		95 kg	= ______ g
77 kg	= ___,______ t		0,5 t	= ______ kg
3 720 kg	= ___ t ______ kg		0,5 kg	= ______ g
3 720 g	= ___ kg ______ g		0,940 kg	= ______ g
37 200 kg	= ___ t ______ kg		0,8 kg	= ______ g
37 200 g	= ___ kg ______ g		0,8 t	= ______ kg
372 g	= ___,______ kg		8,8 t	= ______ kg
372 kg	= ___,______ t		9,5 t	= ______ kg

Zeitangaben umrechnen: h, min, s

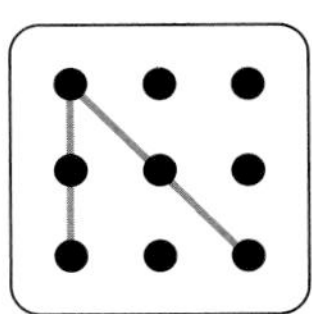

Rechne aus und verbinde die Punkte bei den Ergebnissen in der Reihenfolge der Aufgaben. Beachte: 1 h = 60 min, 1 min = 60 s

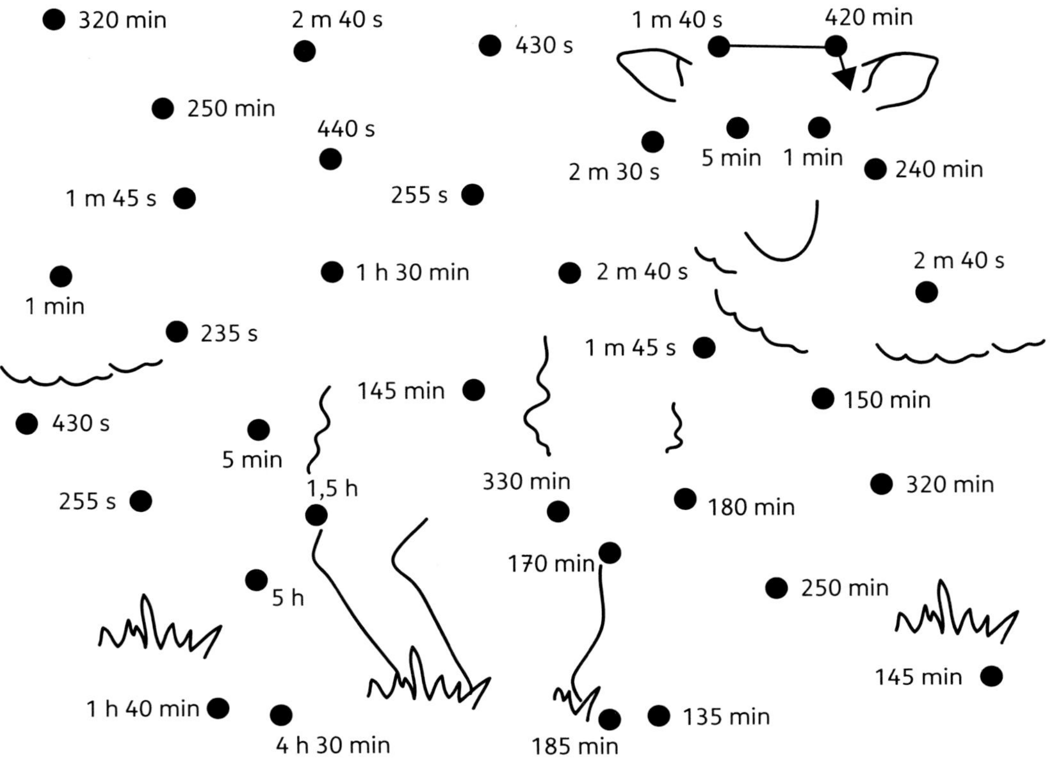

①	7 h	= 420 min		⑨	90 min	= ______ h
②	4 h	= ______ min		⑩	300 min	= ______ h
③	2,5 h	= ______ min		⑪	270 min	= ___ h ______ min
④	3 h	= ______ min		⑫	100 min	= ___ h ______ min
⑤	2 h 15 min	= ______ min		⑬	3 min 55 s	= ______ s
⑥	3 h 5 min	= ______ min		⑭	7 min 20 s	= ______ s
⑦	2 h 50 min	= ______ min		⑮	150 s	= ___ min ______ s
⑧	5 h 30 min	= ______ min		⑯	100 s	= ___ min ______ s

Zeitangaben umrechnen: J, Mon, Tg

Rechne aus und male nur die Felder mit Ergebniszahlen mit einer Farbe aus.
Es sind zwei Felder je Lösungszahl auszumalen.
Beachte: 1 J = 365 Tg, 1 J = 12 Mon, 1 Mon = 30 Tg, 1 Tg = 24 h

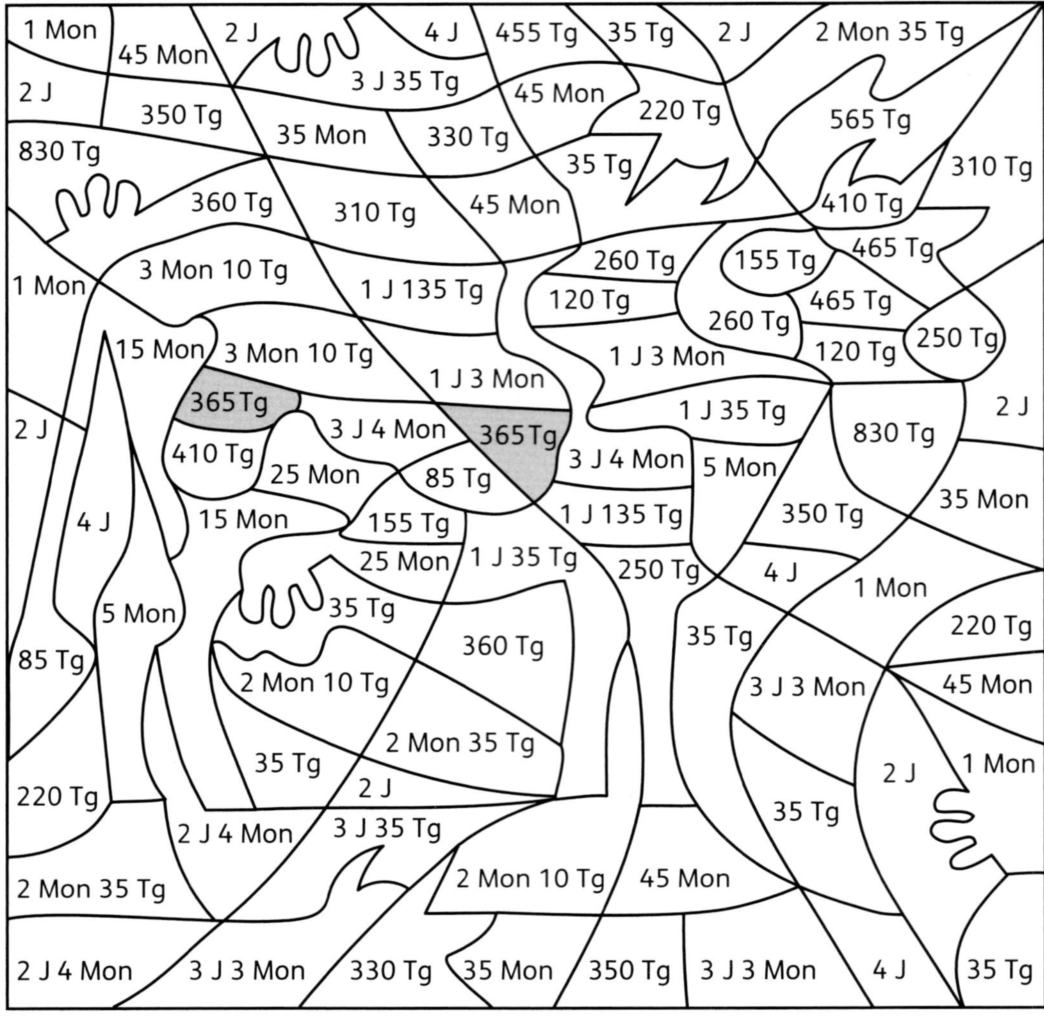

1 J = 365 Tg

1 J 45 Tg = ________ Tg

1 J 100 Tg = ________ Tg

1 J 3 Mon = ________ Mon

2 J 1 Mon = ________ Mon

15 Mon = _____ J ________ Mon

40 Mon = _____ J ________ Mon

400 Tg = _____ J ________ Tg

4 Mon = ________ Tg

8 Mon 10 Tg = ________ Tg

2 Mon 25 Tg = ________ Tg

8 Mon 20 Tg = ________ Tg

5 Mon 5 Tg = ________ Tg

100 Tg = _____ Mon ________ Tg

150 Tg = _____ Mon

500 Tg = _____ J ________ Tg

Zeitangaben umrechnen: J, Mon, Tg, h, min, s

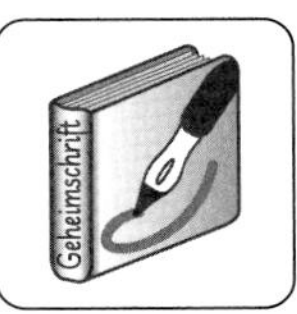

Rechne aus und ordne aus dem Schlüssel die richtigen Silben zu. So erhältst du den Lösungssatz. Beachte: 1 J = 365 Tg oder 12 Mon, 1 Mon = 30 Tg, 1 Tg = 24 h, 1 h = 60 min, 1 min = 60 s

2 J = 24 Mon	Der
3 J = _______ Mon	
3 Mon = _______ Tg	
4 Mon = _______ Tg	
4 Tg = _______ h	
6 Tg = _______ h	
5 min = _______ s	
7 min = _______ s	
1 J 3 Mon = _______ Mon	
1 J 40 Tg = _______ Tg	
1 J 100 Tg = _______ Tg	
3 Mon 5 Tg = _______ Tg	
4 Mon 10 Tg = _______ Tg	
3 Tg 5 h = _______ h	
8 h 50 min = _______ min	
8 min 20 s = _______ s	

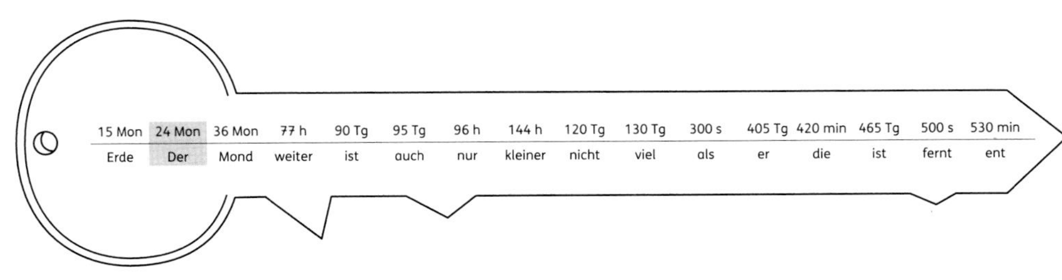

Lösungssatz:

Der					
		,			
		–	.		

Sachaufgaben: Verschiedene Größenbereiche

Rechne und trage nur die Ziffern der Ergebniszahlen wie im Beispiel ein.

waagerecht →

Ⓐ So viele Tage dauern 2 Jahre und 3 Tage.

Lösung: ____________ Tage

Ⓓ Ein Mofa legt in 3 Minuten 1 000 Meter zurück. Wie viele km schafft es in 1 Stunde und 6 Minuten?

Lösung: ____________ km

Ⓔ Eine Sporthalle mit 1 680 Sitzplätzen ist zu einem Viertel besetzt. Wie viele Menschen sind in der Halle?

Lösung: ____________ Menschen

Ⓖ Eine Aushilfskraft verdient 62,50 Euro pro Tag. Sie arbeitet an 20 Tagen im Monat. Wie viel verdient sie im Monat?

Lösung: ____________ Euro

Ⓗ Ein Auto verbraucht 13 Liter Benzin auf 100 km. Wie viel verbraucht es bei einer Erdumrundung (40 000 km)?

Lösung: ____________ l

	A 7	3	B 3		C
D			E	F	
		G			
H	I				

senkrecht ↓

Ⓐ Ein Restaurant bestellt 6 Kästen Limonade mit je 12 Flaschen. Wie viele Flaschen sind das?

Lösung: ____________ Flaschen

Ⓑ Das Monatsgehalt der 8 Mitarbeiterinnen einer Firma beträgt zusammen 27 360 Euro. Wie viel verdient jede bei gleichem Lohn im Monat?

Lösung: ____________ Euro

Ⓒ Von 12 000 Zuschauerinnen und Zuschauern eines Fußballspiels sind ein Zwanzigstel männlich. Wie viele Jungen und Männer schauen zu?

Lösung: ____________ Jungen und Männer

Ⓓ Von einem Kilogramm Schinken sind 785 g abgeschnitten. Wie schwer ist der Rest?

Lösung: ____________ g

Ⓕ Für ein Ferienhaus bezahlt die Familie Klein insgesamt 1 500 Euro Miete. Ein Tag kostet 60 Euro. Wie viele Tage hat Familie Klein das Haus gemietet?

Lösung: ____________ Tage

Sachaufgaben: Verschiedene Größenbereiche

Rechne aus und male nur die Felder mit den Ergebniszahlen mit einer Farbe aus.
Es sind zwei Felder je Lösungszahl auszumalen.

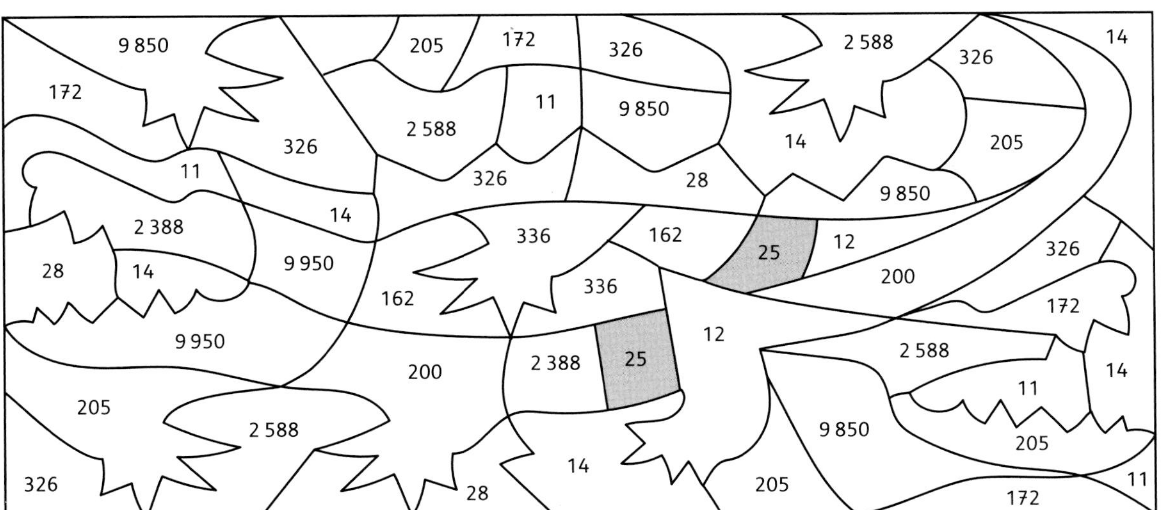

1. Die Laufbahn auf unserem Sportplatz ist 400 m lang.
   Wie viele Runden müssen die 10 000-m-Läufer und -Läuferinnen laufen?

   Lösung: ___25___ Runden

2. Der Mensch atmet in 1 Stunde durchschnittlich 720 mal.
   Wie viele Male atmet er in 1 Minute?

   Lösung: __________ mal

3. Die Spitze des großen Zeigers einer Wanduhr legt in 5 Minuten 7 cm zurück.
   Welchen Weg (in cm) legt sie in 4 Stunden zurück?

   Lösung: __________ cm

4. Familie Kurz will einen PKW für 23 250 Euro kaufen. Für ihren alten Wagen bekommt sie noch 8 800 Euro. Bei der Bank leiht sie sich 4 500 Euro.
   Wie viel Geld fehlt dann noch zum Kauf?

   Lösung: __________ Euro

5. Bei einer Klassenfahrt müssen 1 580 Euro für den Bus und 2 420 Euro für Unterkunft und Verpflegung gezahlt werden. Wie viel muss jedes der 20 Kinder bezahlen?

   Lösung: __________ Euro

6. Das Tragflächenboot „Rheinpfeil" fährt wöchentlich 6 mal die Strecke Köln – Mainz (Entfernung 199 km) und zurück. Wie viele km legt es dabei insgesamt in 1 Woche zurück?

   Lösung: __________ km

7. Hanna sagt zu ihrem Vater: „Gut, dass du nicht mehr rauchst! Deine Zigaretten waren 10 cm lang. Jeden Tag hast du 20 Zigaretten geraucht. Da hattest du nach einiger Zeit die Höhe des Eiffelturms (324 m) erreicht." Nach wie vielen Tagen war das so?

   Lösung: __________ Tage

Sachaufgaben: Verschiedene Größenbereiche

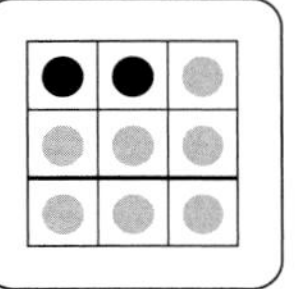

Ordne die Texte aus jeder Spalte mit Nummern von ① bis ⑦ richtig zu, sodass Textaufgaben mit richtigen Ergebnissen entstehen. Ein Ergebnis bleibt übrig.

Text		Frage	Ergebniszahl	Benennung
① Ein Spielzeuggeschäft verkauft jeden Monat 120 Autos.	Weil sie nicht krank war, bekommt sie 250 Euro am Jahresende zurück.	Wie viele km müssen im Juli noch repariert werden?	744	kg
② Der Vater kauft 124 Dachlatten. Jede Latte ist 3 m lang.	Der Lieferwagen der Firma darf 1,5 t laden.	Wann ist er wieder zu Hause?	① 1 480	Euro
③ Die Autobahnen werden ausgebessert: Im April sind es 408 km, im Mai 950 km und im Juni 924 km.	① Im November und Dezember sind es jedoch je 140 Autos.	Wie hoch war Frau Maiers Jahresbeitrag zur Krankenkasse?	575	Uhr
④ Marie hat um 8.15 Uhr Schulbeginn.	1 m Dachlatte kostet 2 Euro.	① Wie viele Autos sind es im Jahr?	218	Euro
⑤ Frau Maier zahlt jeden Monat 282 Euro Krankenkassenbeitrag für ihre Familie.	Im Juli sollen die ganzen 3 000 km fertig sein.	Wann hat sie Schulschluss?	718	① Stück
⑥ Firma Müller will 25 Pakete zu je 37 kg zur Post bringen.	Er arbeitet 7 h und 20 min, hat 1 h 15 min Pause und braucht für den Hin- und Rückweg zusammen 30 min.	Was muss der Vater bezahlen?	3 134	km
⑦ Der Vater geht um 7.20 Uhr zur Arbeit.	Sie hat 6 Schulstunden (je 45 min) und nach jeder Stunde 10 Minuten Pause.	Wie viel kg dürfen jetzt noch zugeladen werden?	13.35	m
			16.25	Uhr

Welches Ergebnis bleibt übrig? ____________________

Lösungen

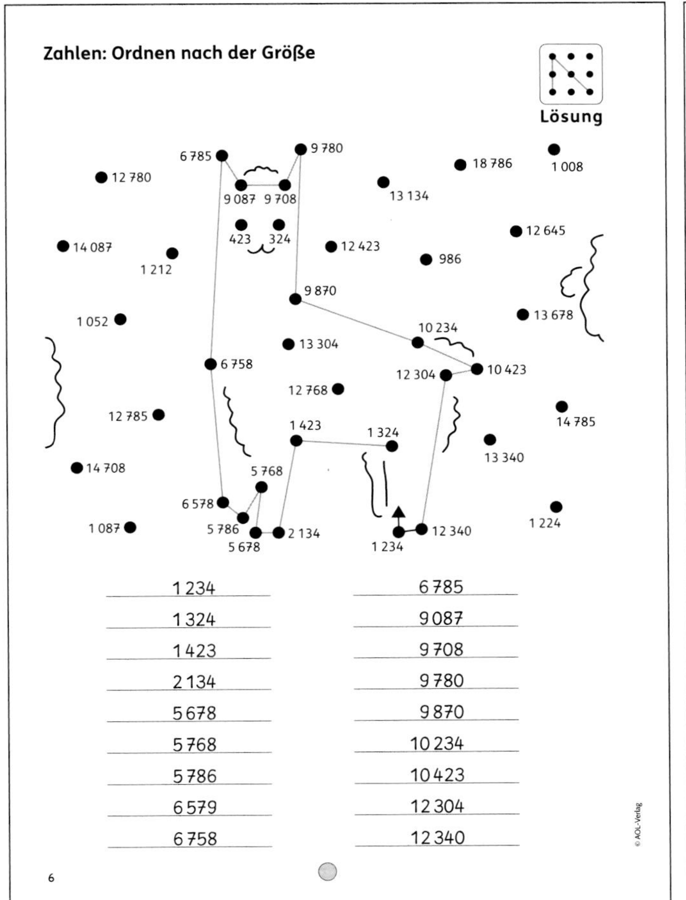

Zahlen: Ordnen nach der Größe

Lösung

1234	6785
1324	9087
1423	9708
2134	9780
5678	9870
5768	10234
5786	10423
6579	12304
6758	12340

6

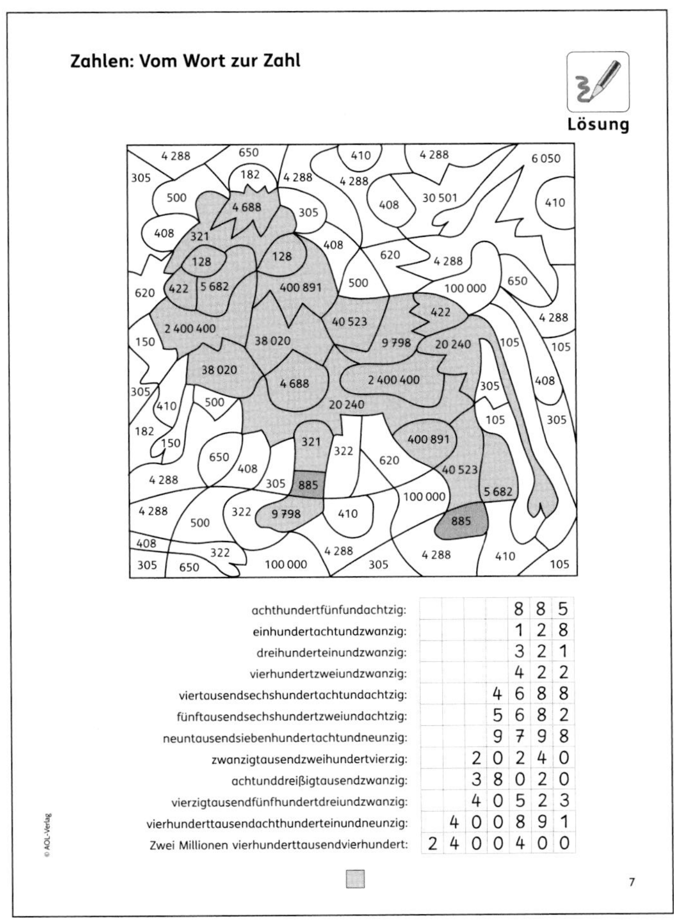

Zahlen: Vom Wort zur Zahl

Lösung

achthundertfünfundachtzig:	885
einhundertachtundzwanzig:	128
dreihunderteinundzwanzig:	321
vierhundertzweiundzwanzig:	422
viertausendsechshundertachtundachtzig:	4688
fünftausendsechshundertzweiundachtzig:	5682
neuntausendsiebenhundertachtundneunzig:	9798
zwanzigtausendzweihundertvierzig:	20240
achtunddreißigtausendzwanzig:	38020
vierzigtausendfünfhundertdreiundzwanzig:	40523
vierhunderttausendachthunderteinundneunzig:	400891
Zwei Millionen vierhunderttausendvierhundert:	2400400

7

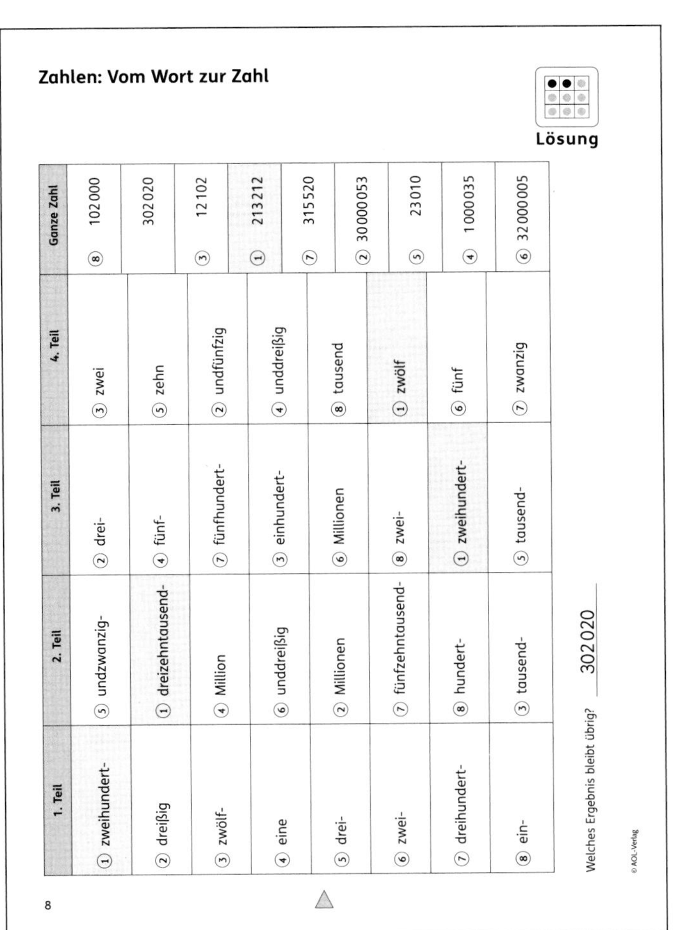

Zahlen: Vom Wort zur Zahl

Lösung

1. Teil	2. Teil	3. Teil	4. Teil
① zweihundert-	⑤ undzwanzig-	② drei-	③ zwei
② dreißig	① dreizehntausend-	④ fünf-	⑤ zehn
③ zwölf-	④ Million	⑦ fünfhundert-	② undfünfzig
④ eine	⑥ unddreißig	③ einhundert-	④ unddreißig
⑤ drei-	② Millionen	⑥ Millionen	⑧ tausend
⑥ zwei-	⑦ fünfzehntausend-	⑧ zwei-	① zwölf
⑦ dreihundert-	⑧ hundert-	① zweihundert-	⑥ fünf
⑧ ein-	③ tausend-	⑤ tausend-	⑦ zwanzig

Ganze Zahl
⑧ 102000
302020
③ 12102
① 213212
⑦ 315520
② 30000053
⑤ 23010
④ 1000035
⑥ 32000005

Welches Ergebnis bleibt übrig? 302020

8

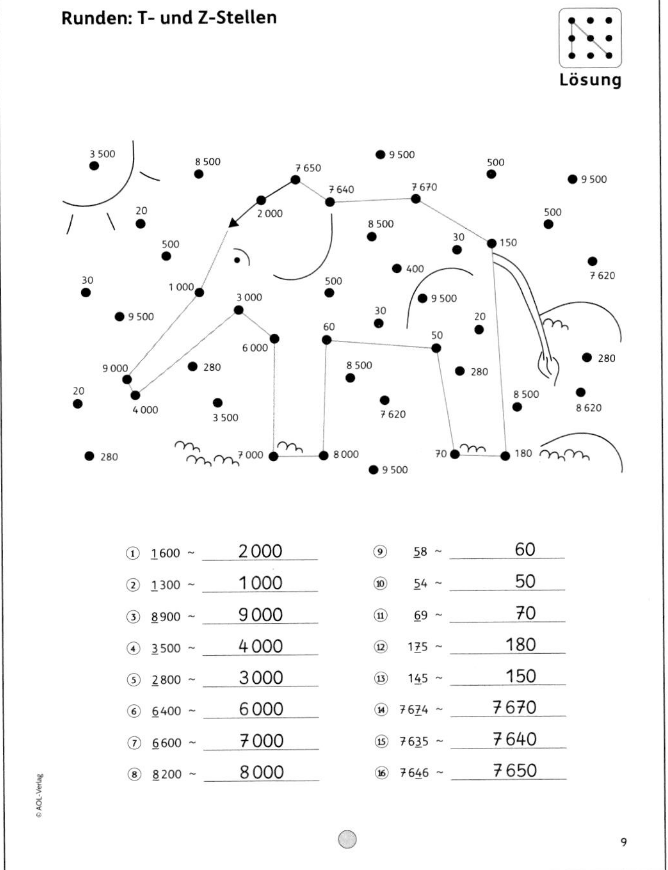

Runden: T- und Z-Stellen

Lösung

① 1600 ~ 2000	⑨ 58 ~ 60
② 1300 ~ 1000	⑩ 54 ~ 50
③ 8900 ~ 9000	⑪ 69 ~ 70
④ 3500 ~ 4000	⑫ 175 ~ 180
⑤ 2800 ~ 3000	⑬ 145 ~ 150
⑥ 6400 ~ 6000	⑭ 7674 ~ 7670
⑦ 6600 ~ 7000	⑮ 7635 ~ 7640
⑧ 8200 ~ 8000	⑯ 7646 ~ 7650

9

Lösungen

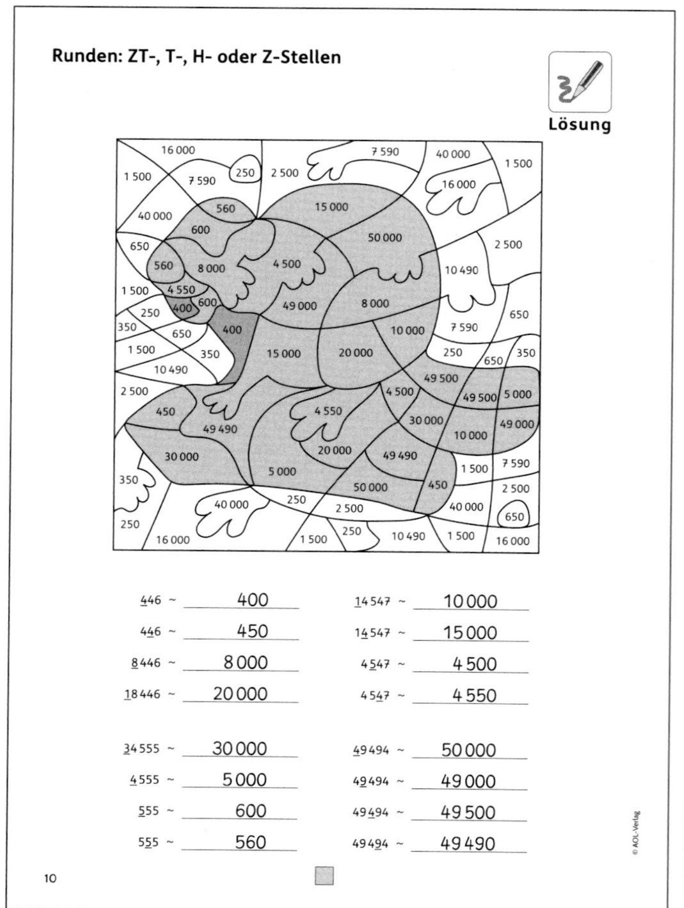

Runden: ZT-, T-, H- oder Z-Stellen

Lösung

446 ~	400	14547 ~	10000
446 ~	450	14547 ~	15000
8446 ~	8000	4547 ~	4500
18446 ~	20000	4547 ~	4550
34555 ~	30000	49494 ~	50000
4555 ~	5000	49494 ~	49000
555 ~	600	49494 ~	49500
555 ~	560	49494 ~	49490

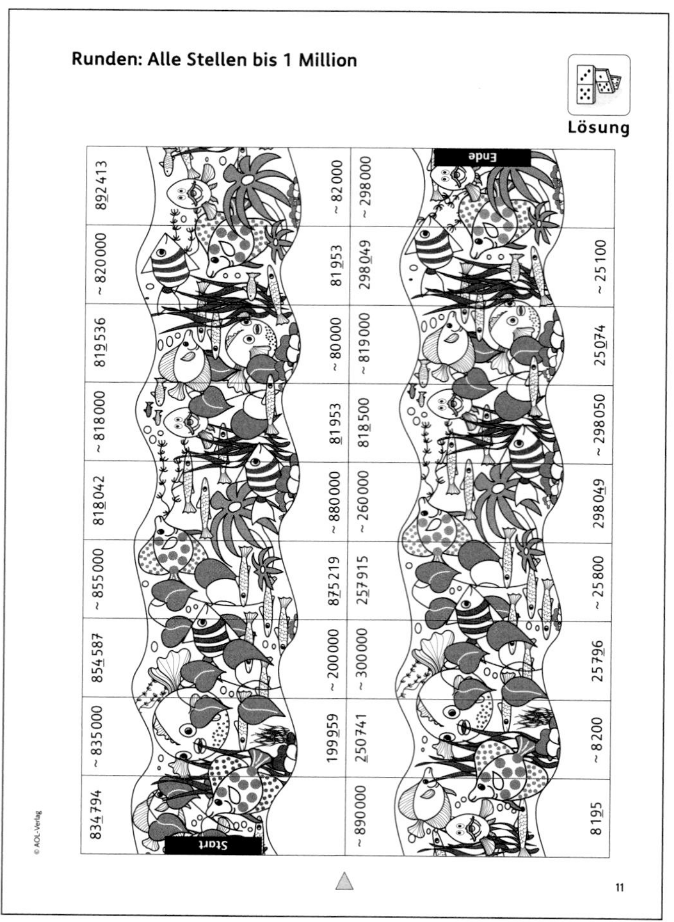

Runden: Alle Stellen bis 1 Million

Lösung

Start
Ende
892413
~ 820000
819536
~ 818000
818042
~ 855000
854587
~ 835000
834794
~ 82000
81953
~ 80000
81953
~ 880000
875219
~ 200000
199959
~ 298000
298049
~ 819000
818500
~ 260000
257915
~ 300000
250741
~ 890000
~ 25100
25074
~ 298050
298049
~ 25800
25796
~ 8200
8195

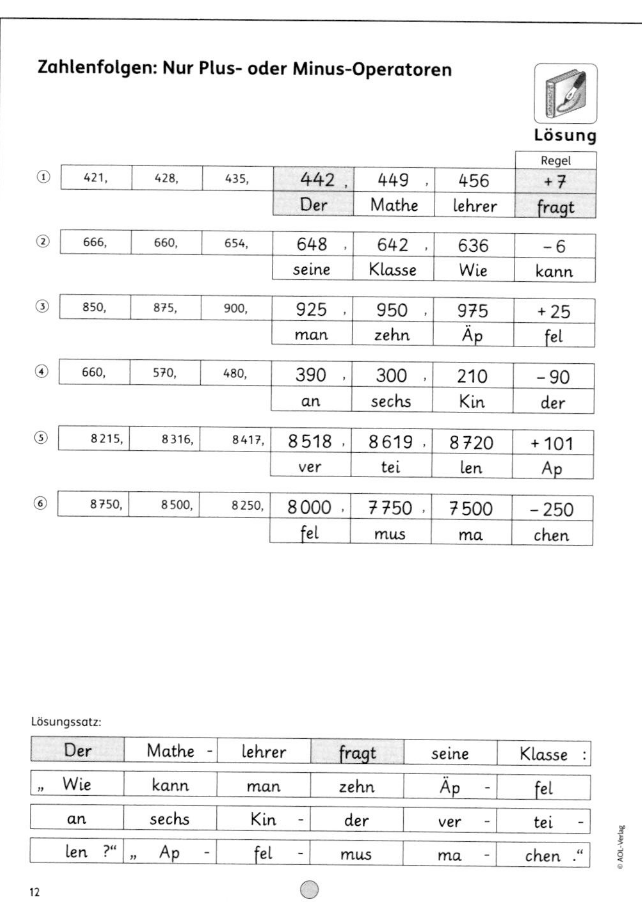

Zahlenfolgen: Nur Plus- oder Minus-Operatoren

Lösung

							Regel
①	421,	428,	435,	442,	449,	456	+7
				Der	Mathe	lehrer	fragt
②	666,	660,	654,	648,	642,	636	−6
				seine	Klasse	Wie	kann
③	850,	875,	900,	925,	950,	975	+25
				man	zehn	Äp	fel
④	660,	570,	480,	390,	300,	210	−90
				an	sechs	Kin	der
⑤	8215,	8316,	8417,	8518,	8619,	8720	+101
				ver	tei	len	Ap
⑥	8750,	8500,	8250,	8000,	7750,	7500	−250
				fel	mus	ma	chen

Lösungssatz:

Der	Mathe -	lehrer	fragt	seine	Klasse :
„ Wie	kann	man	zehn	Äp -	fel
an	sechs	Kin -	der	ver -	tei -
len ?"	„ Ap -	fel -	mus	ma -	chen ."

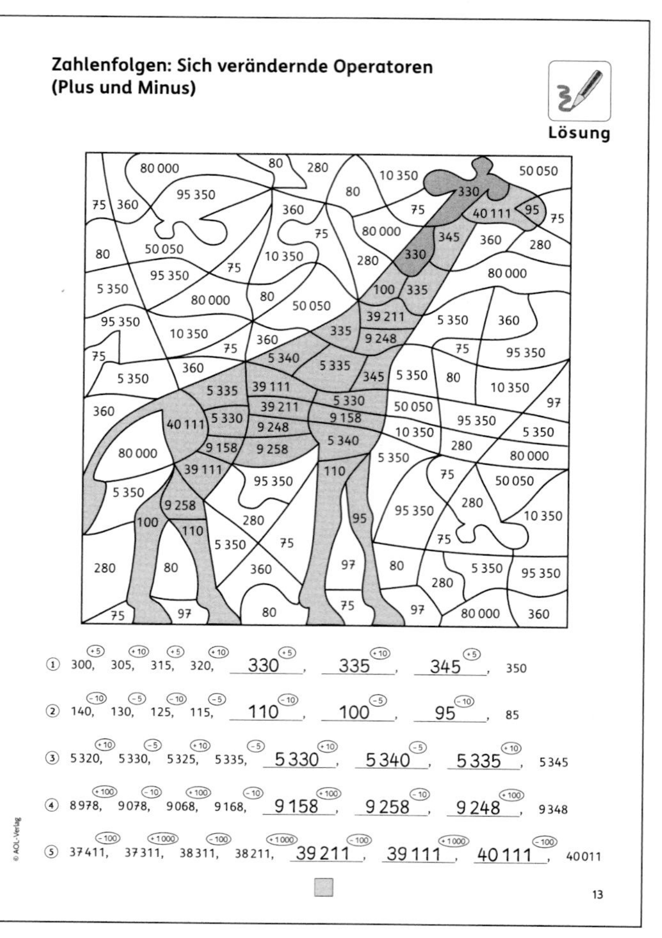

Zahlenfolgen: Sich verändernde Operatoren (Plus und Minus)

Lösung

① (+5, +10, +5, +10, +5, +10, +5) 300, 305, 315, 320, 330, 335, 345, 350

② (−10, −5, −10, −5, −10, −5, −10) 140, 130, 125, 115, 110, 100, 95, 85

③ (+10, −5, +10, −5, +10, −5, +10) 5320, 5330, 5325, 5335, 5330, 5340, 5335, 5345

④ (+100, −10, +100, −10, +100, −10, +100) 8978, 9078, 9068, 9168, 9158, 9258, 9248, 9348

⑤ (−100, +1000, −100, +1000, −100, +1000, −100) 37411, 37311, 38311, 38211, 39211, 39111, 40111, 40011

Lösungen

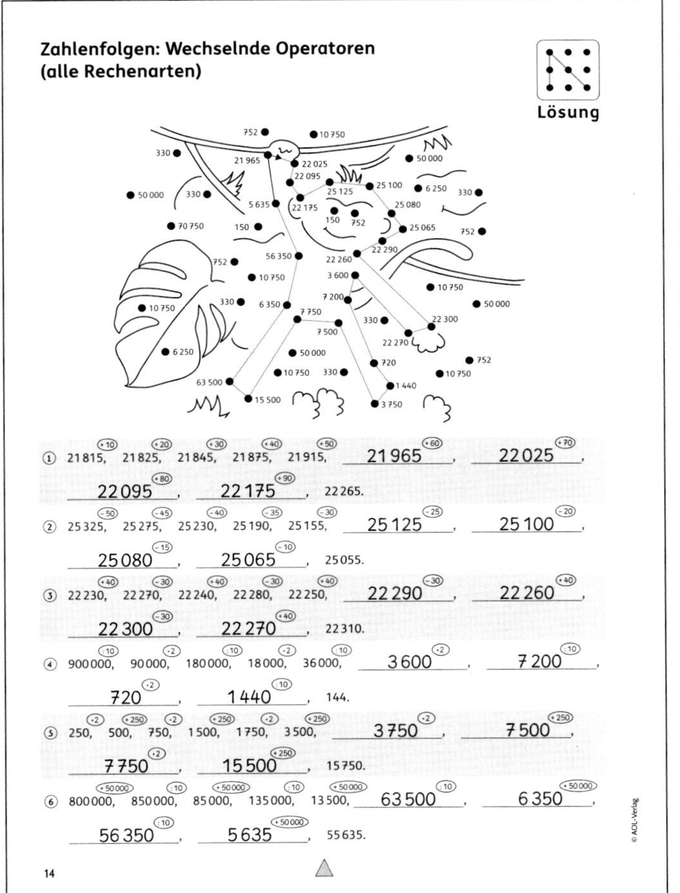

Zahlenfolgen: Wechselnde Operatoren (alle Rechenarten)

Lösung

① 21815, (+10) 21825, (+20) 21845, (+30) 21875, (+40) 21915, (+50) 21965, (+60) 22025, (+70) 22095, (+80) 22175, (+90) 22265.

② 25325, (−50) 25275, (−45) 25230, (−40) 25190, (−35) 25155, (−30) 25125, (−25) 25100, (−20) 25080, (−15) 25065, (−10) 25055.

③ 22230, (+40) 22270, (−30) 22240, (+40) 22280, (−30) 22250, (+40) 22290, (−30) 22260, (+40) 22300, (−30) 22270, (+40) 22310.

④ 900000, (:10) 90000, (·2) 180000, (:10) 18000, (·2) 36000, (:10) 3600, (·2) 7200, (:10) 720, (·2) 1440, (:10) 144.

⑤ 250, (·2) 500, (+250) 750, (·2) 1500, (+250) 1750, (·2) 3500, (+250) 3750, (·2) 7500, (+250) 7750, (·2) 15500, (+250) 15750.

⑥ 800000, (+50000) 850000, (:10) 85000, (+50000) 135000, (:10) 13500, (+50000) 63500, (:10) 6350, (+50000) 56350, (:10) 5635, (+50000) 55635.

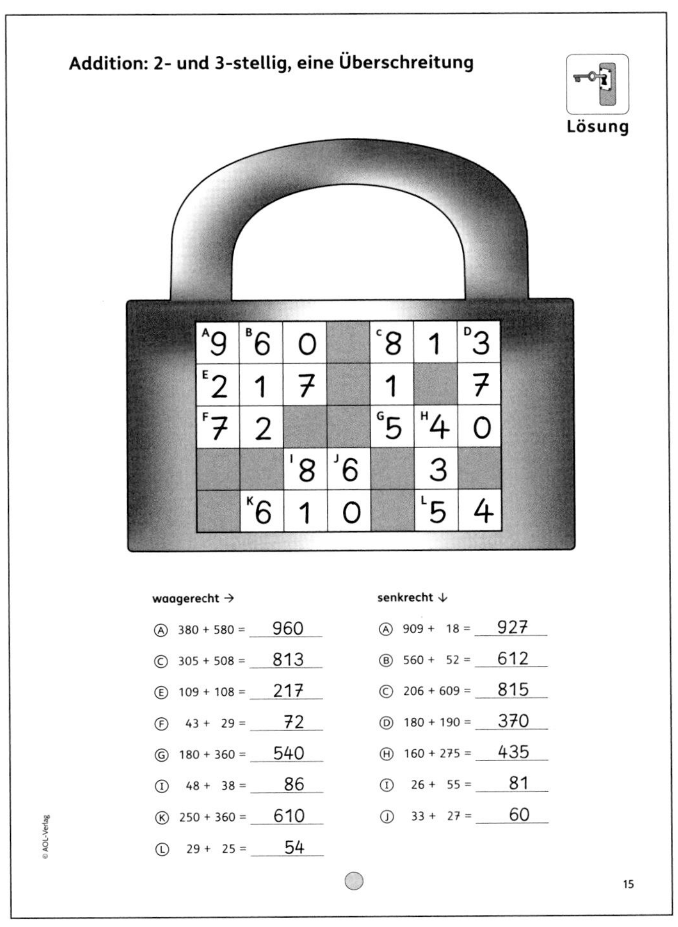

Addition: 2- und 3-stellig, eine Überschreitung

Lösung

A 9	B 6	0		C 8	1	D 3
E 2	1	7		1		7
F 7	2			G 5	H 4	0
		I 8	J 6		3	
	K 6	1	0		L 5	4

waagerecht →

Ⓐ 380 + 580 = 960
Ⓒ 305 + 508 = 813
Ⓔ 109 + 108 = 217
Ⓕ 43 + 29 = 72
Ⓖ 180 + 360 = 540
Ⓘ 48 + 38 = 86
Ⓚ 250 + 360 = 610
Ⓛ 29 + 25 = 54

senkrecht ↓

Ⓐ 909 + 18 = 927
Ⓑ 560 + 52 = 612
Ⓒ 206 + 609 = 815
Ⓓ 180 + 190 = 370
Ⓗ 160 + 275 = 435
Ⓘ 26 + 55 = 81
Ⓙ 33 + 27 = 60

Addition: 4- und 5-stellig, eine Überschreitung

Lösung

8420 + 8460 = 16880	Der	6400 + 1900 = 8300	so
1800 + 950 = 2750	Va	3310 + 5130 = 8440	kann
9300 + 6400 = 15700	ter	9110 + 940 = 10050	man
7340 + 8060 = 15400	pubst	5020 + 3030 = 8050	bil
4500 + 8310 = 12810	die	7660 + 2290 = 9950	lig
150 + 1270 = 1420	Kin	4038 + 2032 = 6070	Freu
9100 + 900 = 10000	der	7320 + 540 = 7860	de
5420 + 1900 = 7320	la	4020 + 9110 = 13130	ma
2000 + 2210 = 4210	chen	7720 + 180 = 7900	chen

Lösungssatz:

Der	Va -	ter	pubst ,	die	Kin -
der	la -	chen ,	so	kann	man
bil -	lig	Freu -	de	ma -	chen .

Addition: 4- und 5-stellig, bis 2 Überschreitungen

Lösung

① 4830 + 60830 = 65660
② 61270 + 7320 = 68590
③ 8590 + 61340 = 69930
④ 5840 + 64940 = 70780
⑤ 2980 + 68010 = 70990
⑥ 35350 + 41820 = 77170
⑦ 5550 + 66440 = 71990
⑧ 65300 + 6400 = 71700
⑨ 58100 + 19900 = 78000
⑩ 42460 + 35730 = 78190
⑪ 29240 + 50830 = 80070
⑫ 70200 + 9900 = 80100
⑬ 72200 + 8760 = 80960
⑭ 4080 + 83070 = 87150
⑮ 8060 + 75300 = 83360
⑯ 70990 + 11010 = 82000
⑰ 52350 + 29240 = 81590
⑱ 40010 + 40990 = 81000
⑲ 6430 + 69250 = 75680
⑳ 69400 + 6370 = 75770

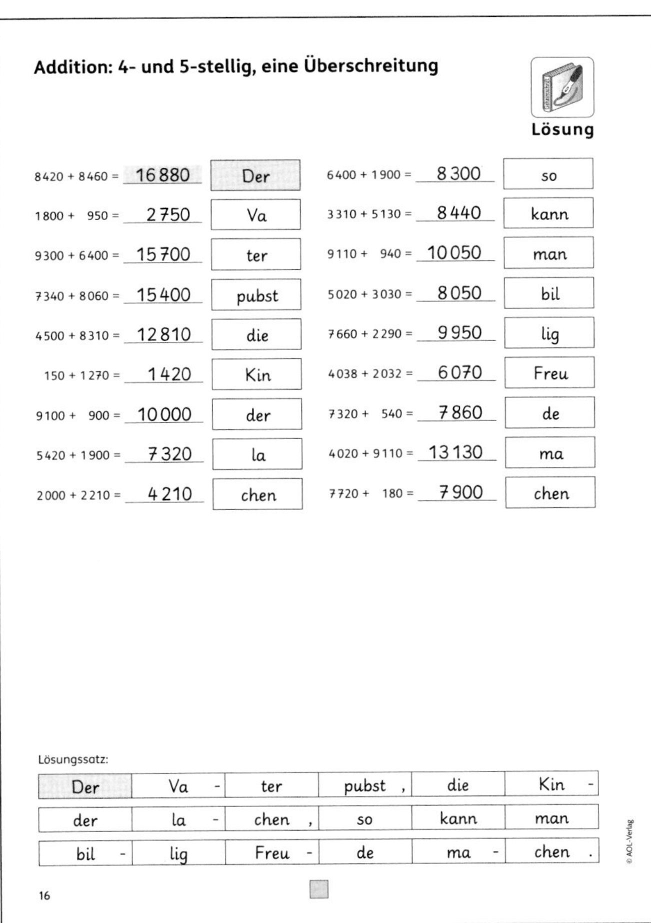

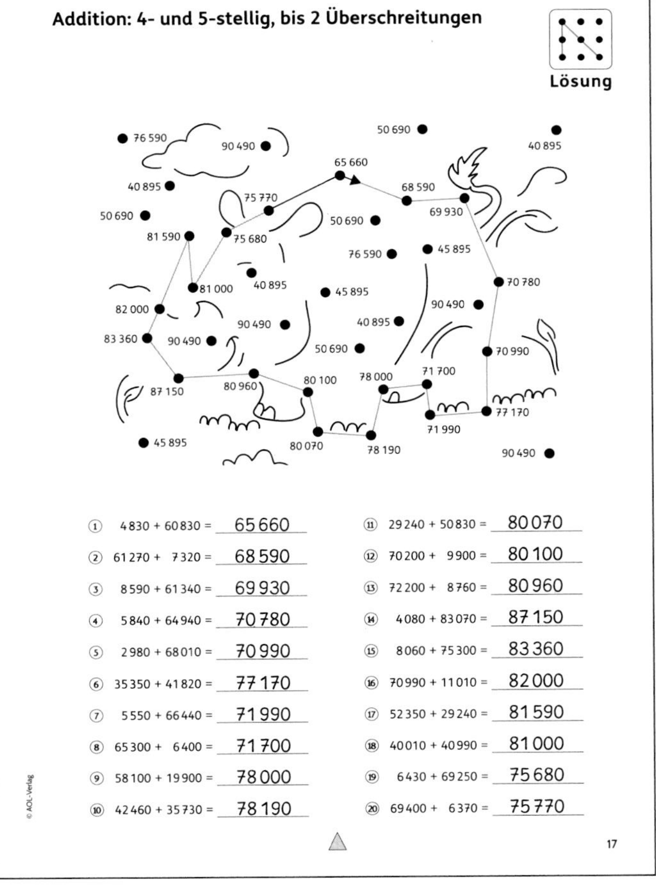

Lösungen

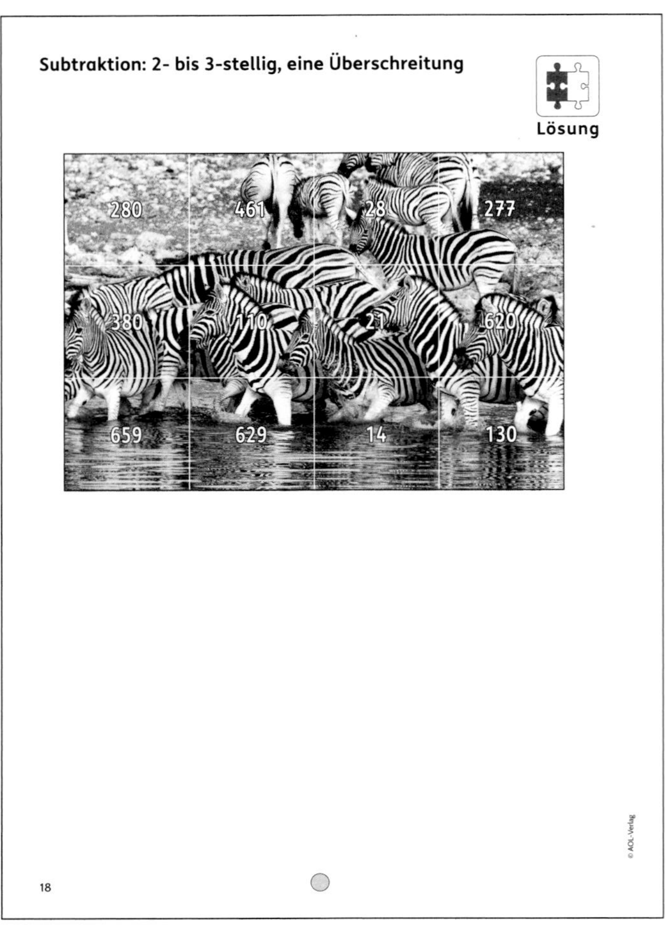

Subtraktion: 2- bis 3-stellig, eine Überschreitung

Lösung

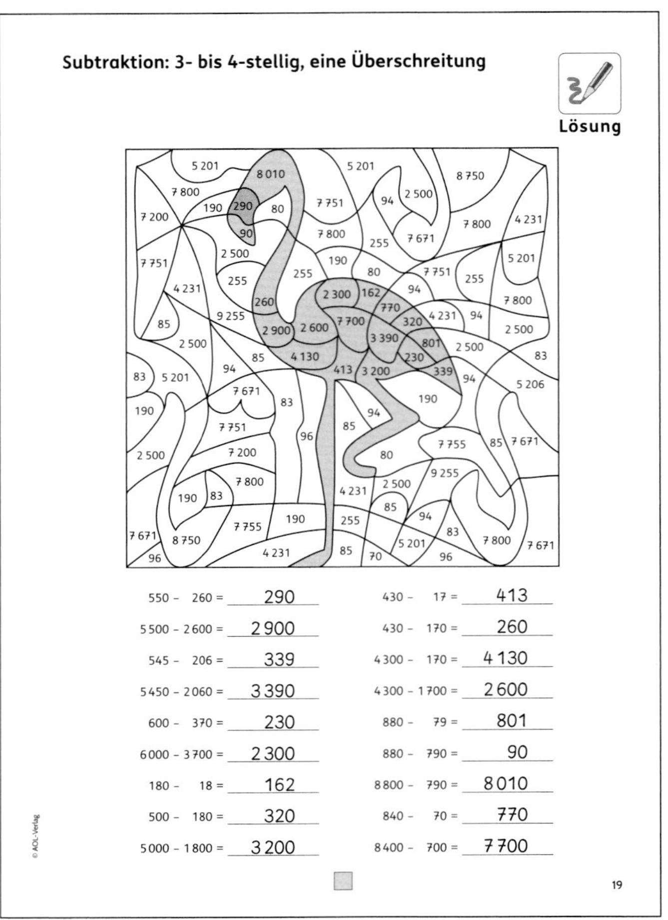

Subtraktion: 3- bis 4-stellig, eine Überschreitung

Lösung

550 - 260 = 290	430 - 17 = 413
5500 - 2600 = 2900	430 - 170 = 260
545 - 206 = 339	4300 - 170 = 4130
5450 - 2060 = 3390	4300 - 1700 = 2600
600 - 370 = 230	880 - 79 = 801
6000 - 3700 = 2300	880 - 790 = 90
180 - 18 = 162	8800 - 790 = 8010
500 - 180 = 320	840 - 70 = 770
5000 - 1800 = 3200	8400 - 700 = 7700

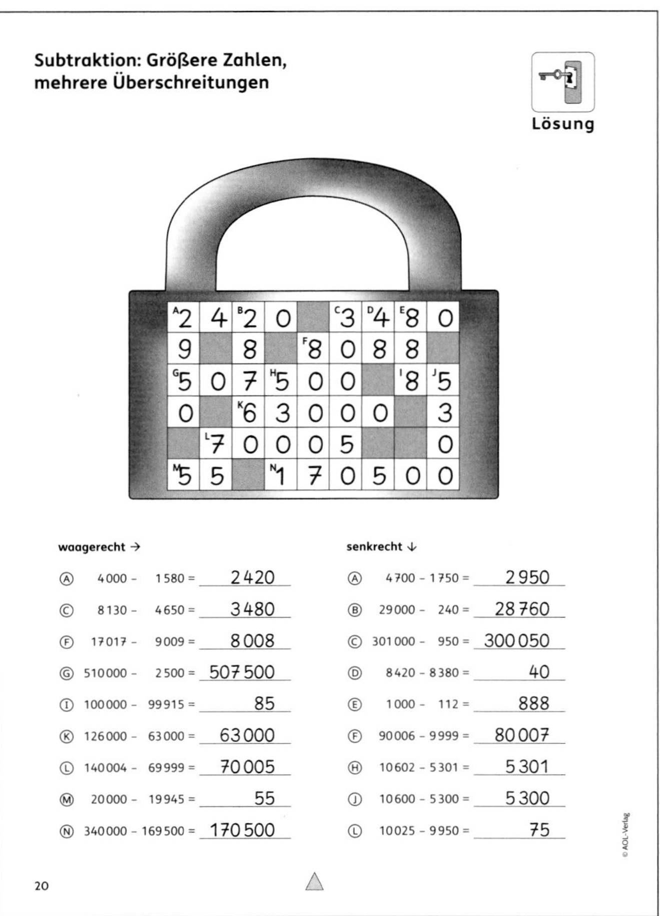

Subtraktion: Größere Zahlen, mehrere Überschreitungen

Lösung

A 2	4	B 2	0	■	C 3	D 4	E 8	0
9	■	8	■	F 8	0	8	8	■
G 5	0	7	H 5	0	0	■	I 8	J 5
0	■	K 6	3	0	0	0	■	3
■	L 7	0	0	0	5	■	■	0
M 5	5	■	N 1	7	0	5	0	0

waagerecht →	senkrecht ↓
Ⓐ 4000 - 1580 = 2420	Ⓐ 4700 - 1750 = 2950
Ⓒ 8130 - 4650 = 3480	Ⓑ 29000 - 240 = 28760
Ⓕ 17017 - 9009 = 8008	Ⓒ 301000 - 950 = 300050
Ⓖ 510000 - 2500 = 507500	Ⓓ 8420 - 8380 = 40
Ⓘ 100000 - 99915 = 85	Ⓔ 1000 - 112 = 888
Ⓚ 126000 - 63000 = 63000	Ⓕ 90006 - 9999 = 80007
Ⓛ 140004 - 69999 = 70005	Ⓗ 10602 - 5301 = 5301
Ⓜ 20000 - 19945 = 55	Ⓙ 10600 - 5300 = 5300
Ⓝ 340000 - 169500 = 170500	Ⓛ 10025 - 9950 = 75

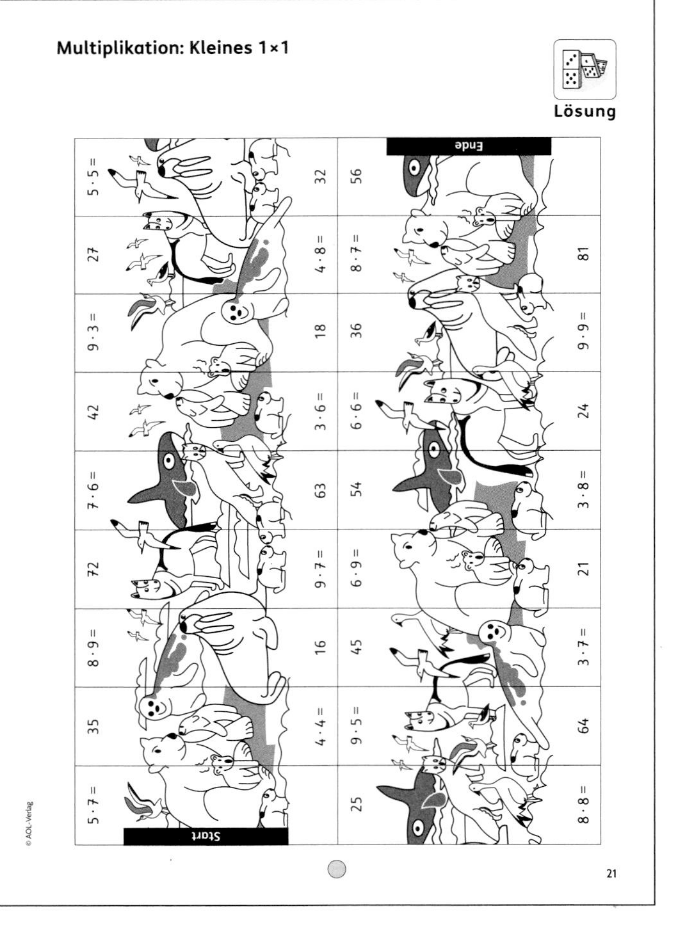

Multiplikation: Kleines 1×1

Lösung

Lösungen

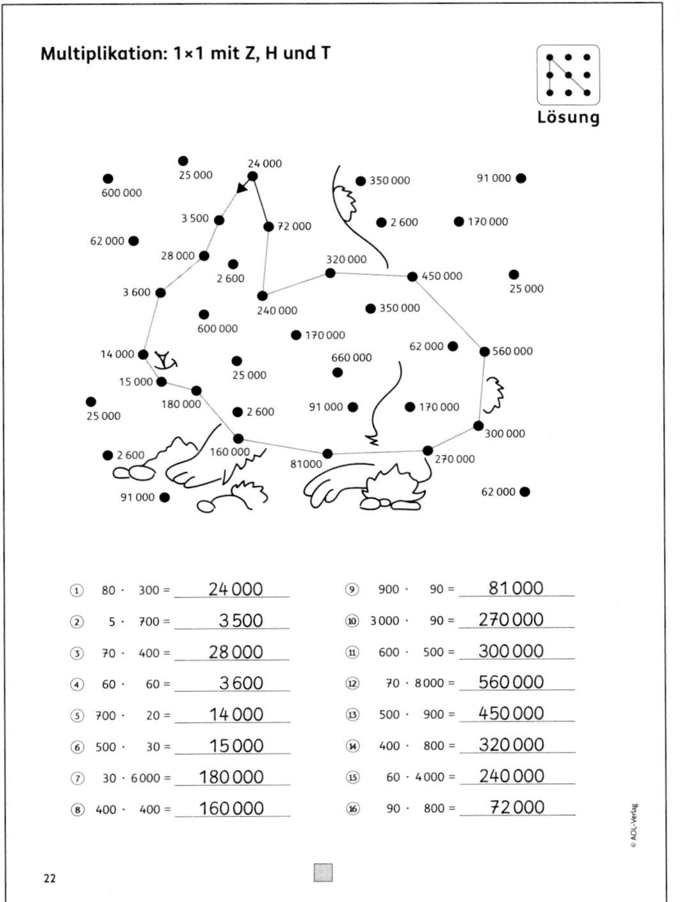

Multiplikation: 1×1 mit Z, H und T

Lösung

① 80 · 300 = 24 000	⑨ 900 · 90 = 81 000
② 5 · 700 = 3 500	⑩ 3 000 · 90 = 270 000
③ 70 · 400 = 28 000	⑪ 600 · 500 = 300 000
④ 60 · 60 = 3 600	⑫ 70 · 8 000 = 560 000
⑤ 700 · 20 = 14 000	⑬ 500 · 900 = 450 000
⑥ 500 · 30 = 15 000	⑭ 400 · 800 = 320 000
⑦ 30 · 6 000 = 180 000	⑮ 60 · 4 000 = 240 000
⑧ 400 · 400 = 160 000	⑯ 90 · 800 = 72 000

22

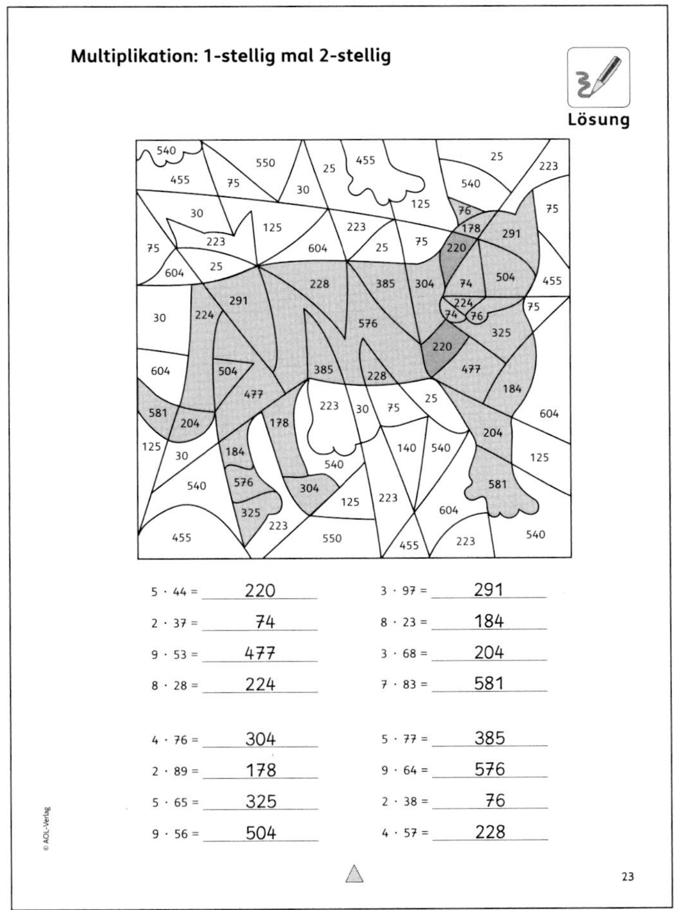

Multiplikation: 1-stellig mal 2-stellig

Lösung

5 · 44 = 220	3 · 97 = 291
2 · 37 = 74	8 · 23 = 184
9 · 53 = 477	3 · 68 = 204
8 · 28 = 224	7 · 83 = 581
4 · 76 = 304	5 · 77 = 385
2 · 89 = 178	9 · 64 = 576
5 · 65 = 325	2 · 38 = 76
9 · 56 = 504	4 · 57 = 228

23

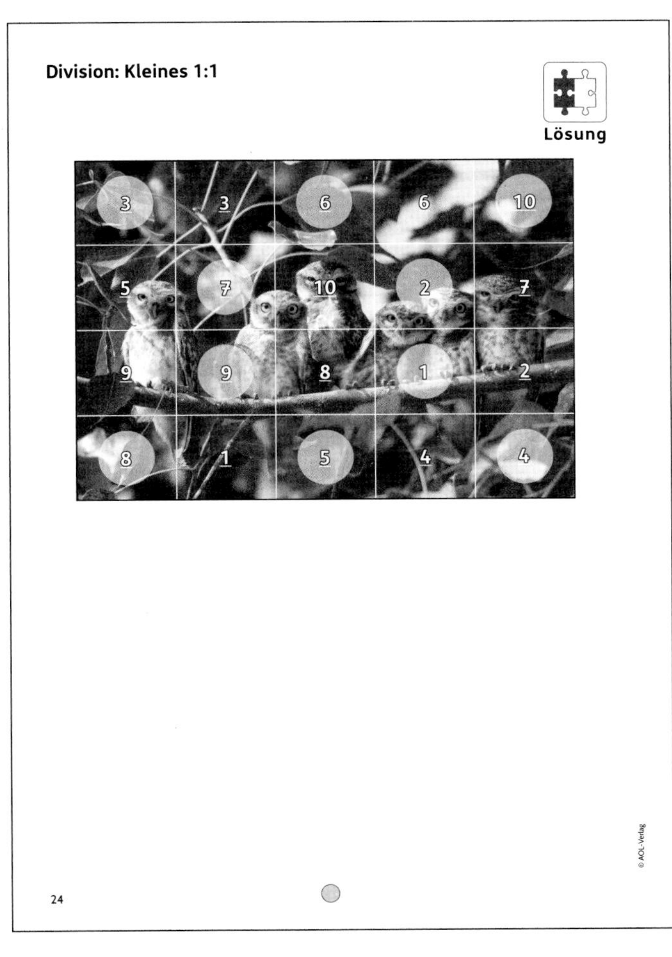

Division: Kleines 1:1

Lösung

24

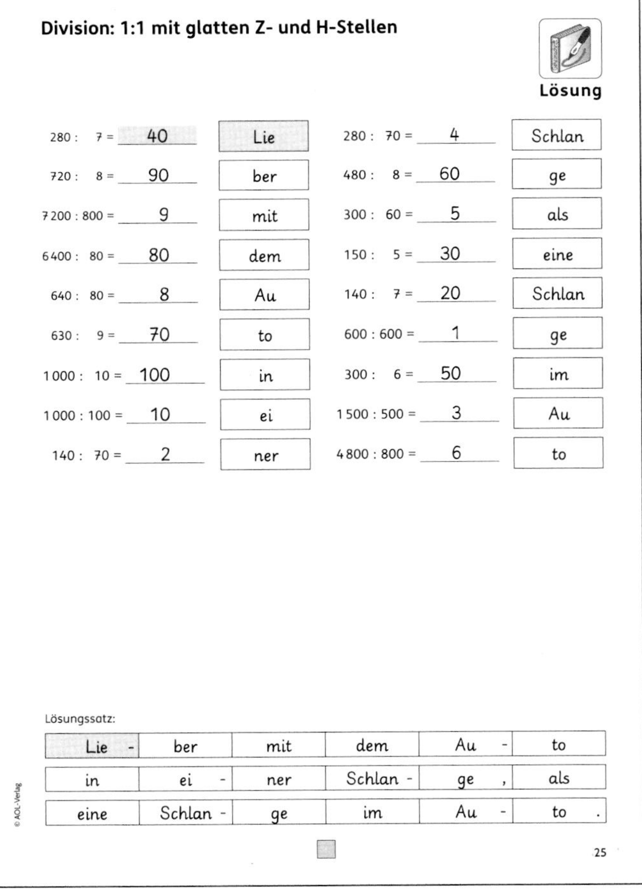

Division: 1:1 mit glatten Z- und H-Stellen

Lösung

280 : 7 = 40	Lie	280 : 70 = 4	Schlan
720 : 8 = 90	ber	480 : 8 = 60	ge
7 200 : 800 = 9	mit	300 : 60 = 5	als
6 400 : 80 = 80	dem	150 : 5 = 30	eine
640 : 80 = 8	Au	140 : 7 = 20	Schlan
630 : 9 = 70	to	600 : 600 = 1	ge
1 000 : 10 = 100	in	300 : 6 = 50	im
1 000 : 100 = 10	ei	1 500 : 500 = 3	Au
140 : 70 = 2	ner	4 800 : 800 = 6	to

Lösungssatz:

Lie -	ber	mit	dem	Au -	to
in	ei -	ner	Schlan -	ge ,	als
eine	Schlan -	ge	im	Au -	to .

25

Lösungen

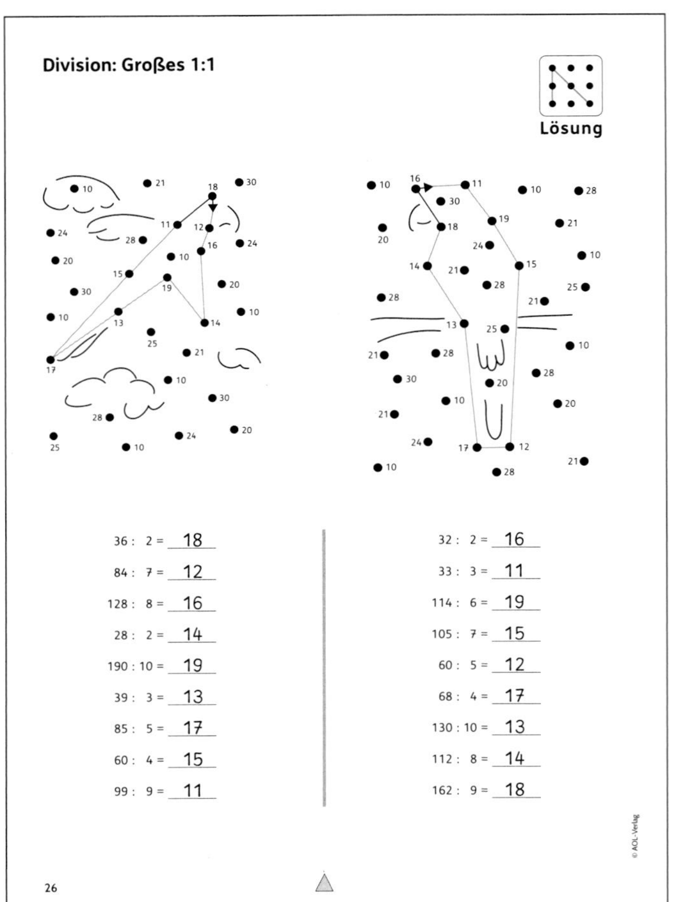

Division: Großes 1:1

Lösung

36 : 2 = 18	32 : 2 = 16
84 : 7 = 12	33 : 3 = 11
128 : 8 = 16	114 : 6 = 19
28 : 2 = 14	105 : 7 = 15
190 : 10 = 19	60 : 5 = 12
39 : 3 = 13	68 : 4 = 17
85 : 5 = 17	130 : 10 = 13
60 : 4 = 15	112 : 8 = 14
99 : 9 = 11	162 : 9 = 18

26

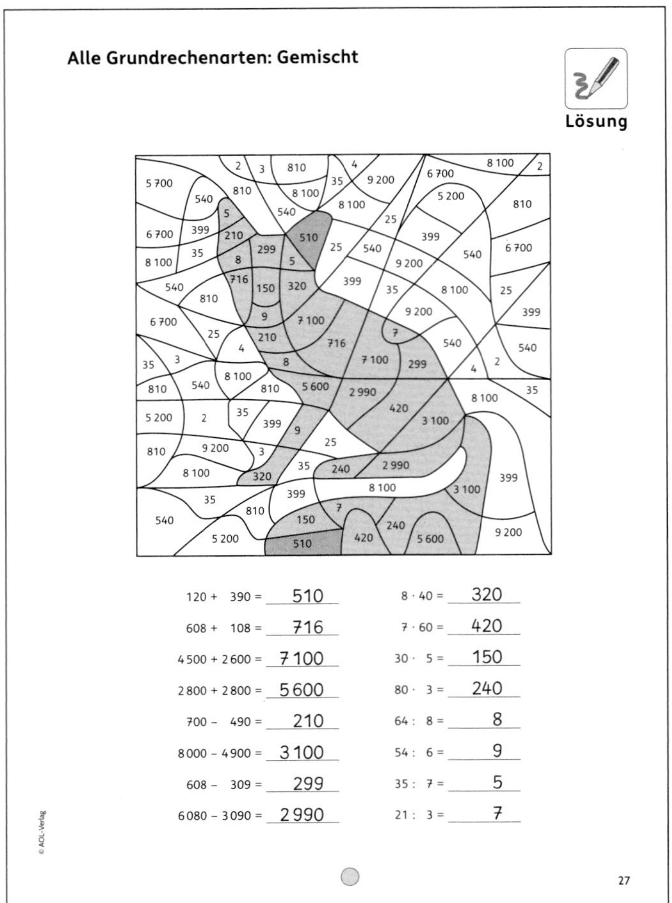

Alle Grundrechenarten: Gemischt

Lösung

120 + 390 = 510	8 · 40 = 320
608 + 108 = 716	7 · 60 = 420
4500 + 2600 = 7100	30 · 5 = 150
2800 + 2800 = 5600	80 · 3 = 240
700 – 490 = 210	64 : 8 = 8
8000 – 4900 = 3100	54 : 6 = 9
608 – 309 = 299	35 : 7 = 5
6080 – 3090 = 2990	21 : 3 = 7

27

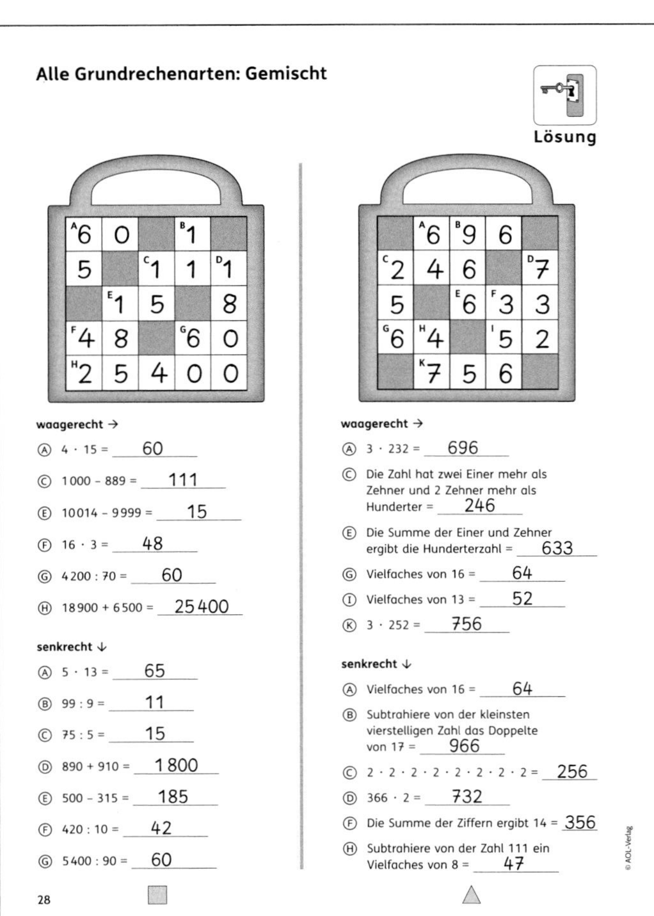

Alle Grundrechenarten: Gemischt

Lösung

A 6	0	■	B 1	■
5	■	C 1	1	D 1
■	E 1	5	■	8
F 4	8	■	G 6	0
H 2	5	4	0	0

waagerecht →

- Ⓐ 4 · 15 = 60
- Ⓒ 1000 – 889 = 111
- Ⓔ 10014 – 9999 = 15
- Ⓕ 16 · 3 = 48
- Ⓖ 4200 : 70 = 60
- Ⓗ 18900 + 6500 = 25400

senkrecht ↓

- Ⓐ 5 · 13 = 65
- Ⓑ 99 : 9 = 11
- Ⓒ 75 : 5 = 15
- Ⓓ 890 + 910 = 1800
- Ⓔ 500 – 315 = 185
- Ⓕ 420 : 10 = 42
- Ⓖ 5400 : 90 = 60

■	A 6	B 9	6	■
C 2	4	6	■	D 7
5	■	E 6	F 3	3
G 6	H 4	■	I 5	2
■	K 7	5	6	■

waagerecht →

- Ⓐ 3 · 232 = 696
- Ⓒ Die Zahl hat zwei Einer mehr als Zehner und 2 Zehner mehr als Hunderter = 246
- Ⓔ Die Summe der Einer und Zehner ergibt die Hunderterzahl = 633
- Ⓖ Vielfaches von 16 = 64
- Ⓘ Vielfaches von 13 = 52
- Ⓚ 3 · 252 = 756

senkrecht ↓

- Ⓐ Vielfaches von 16 = 64
- Ⓑ Subtrahiere von der kleinsten vierstelligen Zahl das Doppelte von 17 = 966
- Ⓒ 2 · 2 · 2 · 2 · 2 · 2 · 2 · 2 = 256
- Ⓓ 366 · 2 = 732
- Ⓕ Die Summe der Ziffern ergibt 14 = 356
- Ⓗ Subtrahiere von der Zahl 111 ein Vielfaches von 8 = 47

28

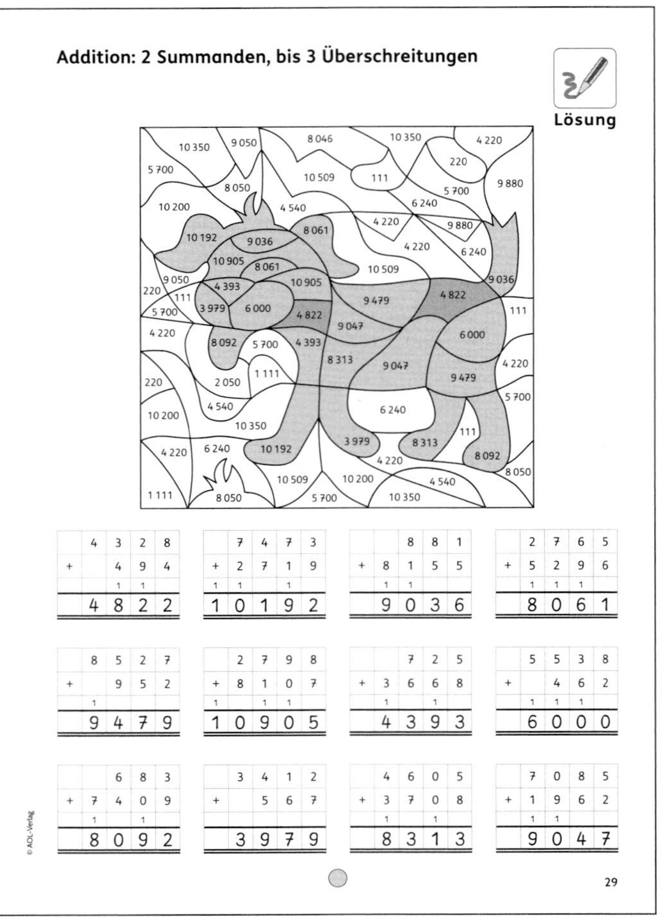

Addition: 2 Summanden, bis 3 Überschreitungen

Lösung

4328 + 494 = 4822	7473 + 2719 = 10192	881 + 8155 = 9036	2765 + 5296 = 8061
8527 + 952 = 9479	2798 + 8107 = 10905	725 + 3668 = 4393	5538 + 462 = 6000
683 + 7409 = 8092	3412 + 567 = 3979	4605 + 3708 = 8313	7085 + 1962 = 9047

29

Lösungen

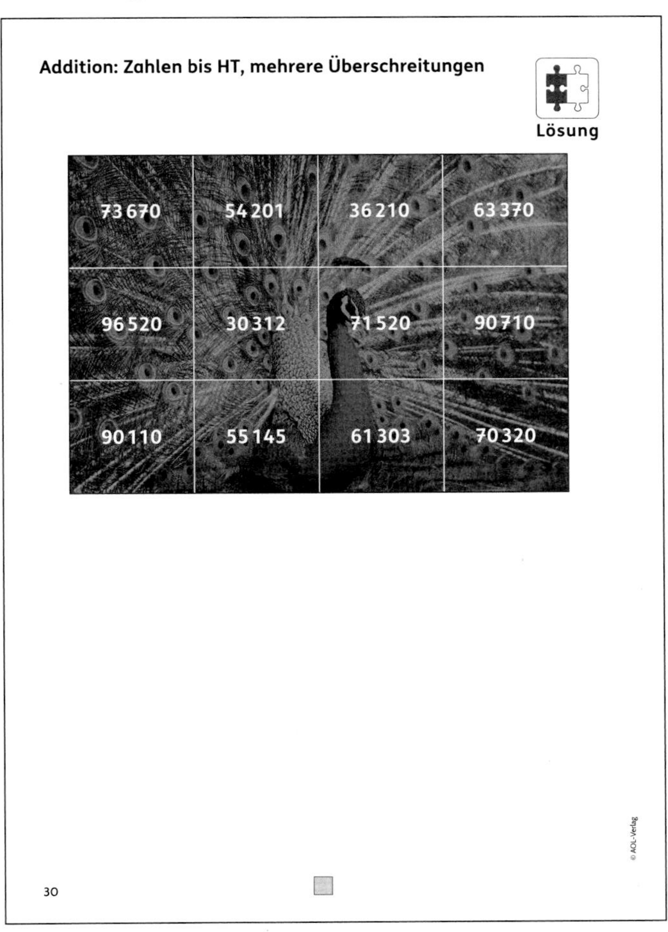

Addition: Zahlen bis HT, mehrere Überschreitungen

Lösung

73670	54201	36210	63370
96520	30312	71520	90710
90110	55145	61303	70320

30

© AOL-Verlag

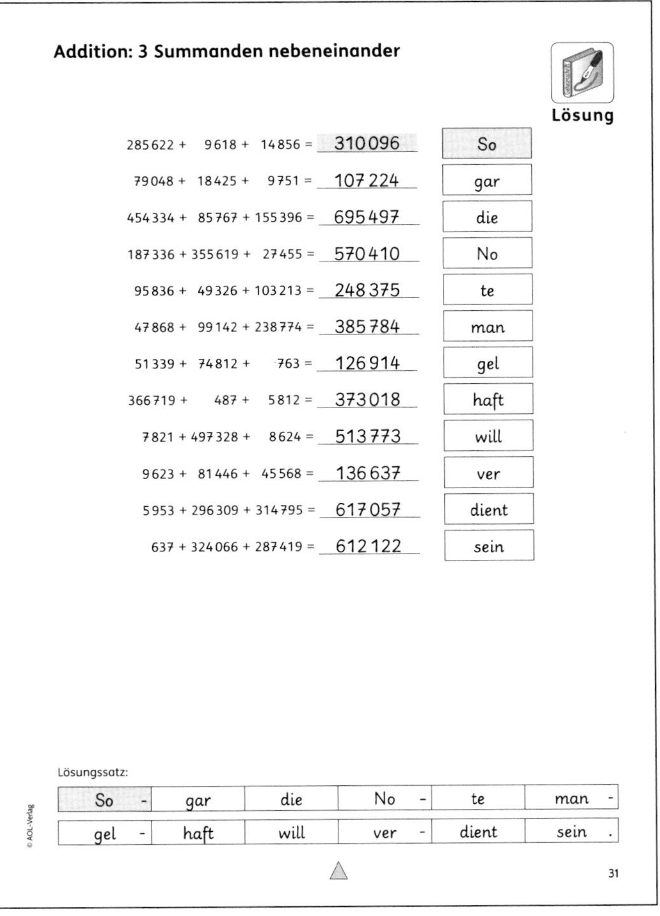

Addition: 3 Summanden nebeneinander

Lösung

285622 + 9618 + 14856 =	310096	So
79048 + 18425 + 9751 =	107224	gar
454334 + 85767 + 155396 =	695497	die
187336 + 355619 + 27455 =	570410	No
95836 + 49326 + 103213 =	248375	te
47868 + 99142 + 238774 =	385784	man
51339 + 74812 + 763 =	126914	gel
366719 + 487 + 5812 =	373018	haft
7821 + 497328 + 8624 =	513773	will
9623 + 81446 + 45568 =	136637	ver
5953 + 296309 + 314795 =	617057	dient
637 + 324066 + 287419 =	612122	sein

Lösungssatz:

So -	gar	die	No -	te	man -
gel -	haft	will	ver -	dient	sein .

© AOL-Verlag

31

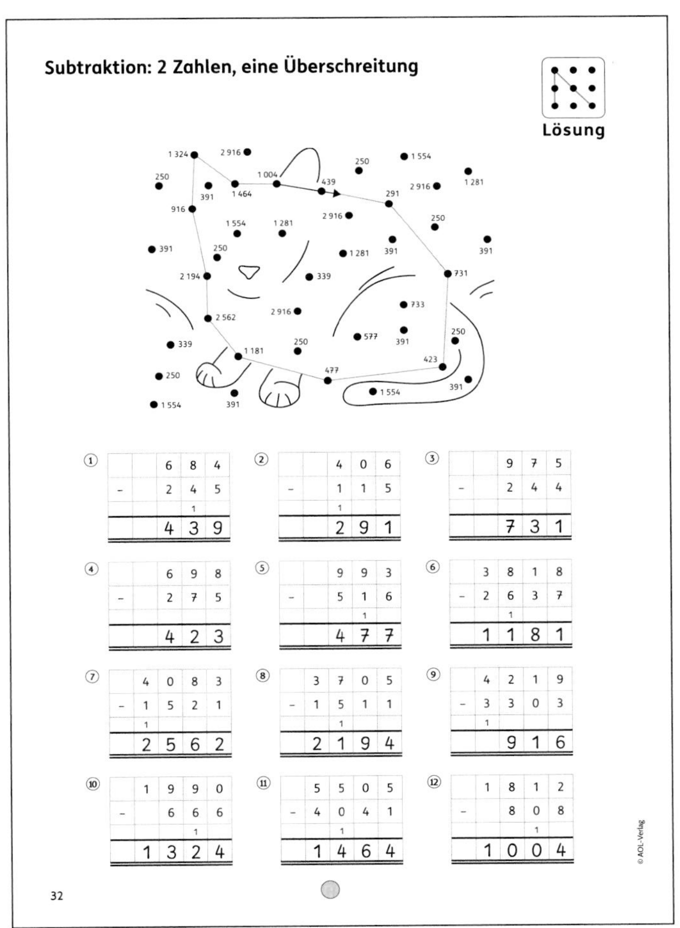

Subtraktion: 2 Zahlen, eine Überschreitung

Lösung

① 684 − 245 = 439
② 406 − 115 = 291
③ 975 − 244 = 731
④ 698 − 275 = 423
⑤ 993 − 516 = 477
⑥ 3818 − 2637 = 1181
⑦ 4083 − 1521 = 2562
⑧ 3705 − 1511 = 2194
⑨ 4219 − 3303 = 916
⑩ 1990 − 666 = 1324
⑪ 5505 − 4041 = 1464
⑫ 1812 − 808 = 1004

32

© AOL-Verlag

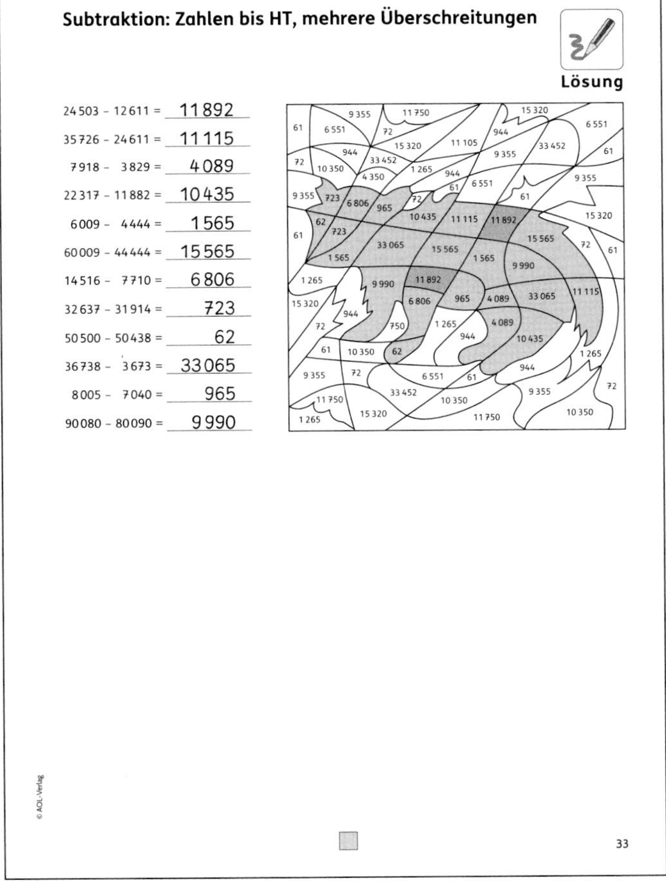

Subtraktion: Zahlen bis HT, mehrere Überschreitungen

Lösung

24503 − 12611 = 11892
35726 − 24611 = 11115
7918 − 3829 = 4089
22317 − 11882 = 10435
6009 − 4444 = 1565
60009 − 44444 = 15565
14516 − 7710 = 6806
32637 − 31914 = 723
50500 − 50438 = 62
36738 − 3673 = 33065
8005 − 7040 = 965
90080 − 80090 = 9990

© AOL-Verlag

33

Lösungen

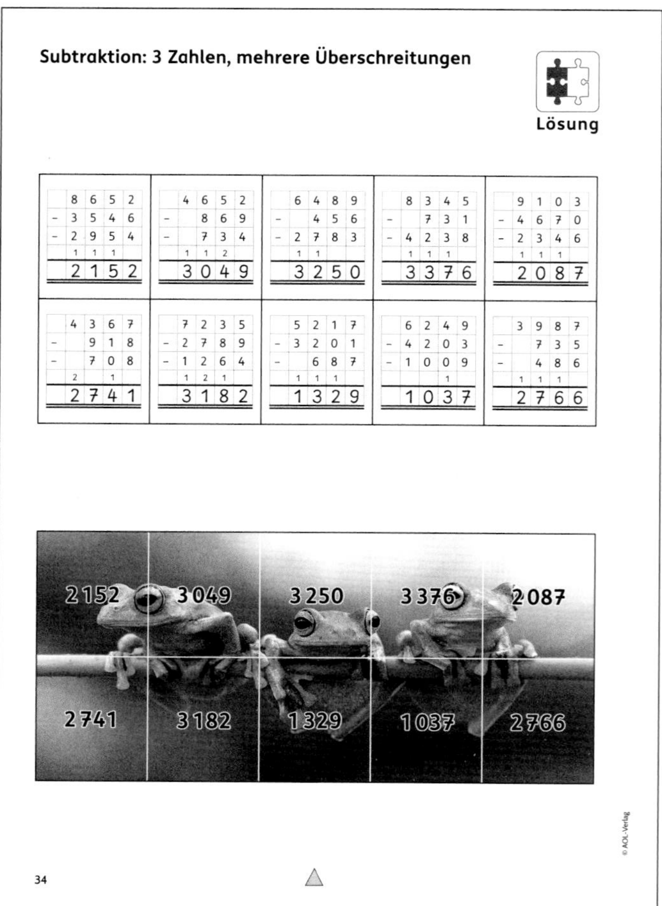

Subtraktion: 3 Zahlen, mehrere Überschreitungen

Lösung

Aufgabe	Ergebnis
8652 − 3546 − 2954	2152
4652 − 869 − 734	3049
6489 − 456 − 2783	3250
8345 − 731 − 4238	3376
9103 − 4670 − 2346	2087
4367 − 918 − 708	2741
7235 − 2789 − 1264	3182
5217 − 3201 − 687	1329
6249 − 4203 − 1009	1037
3987 − 735 − 486	2766

34

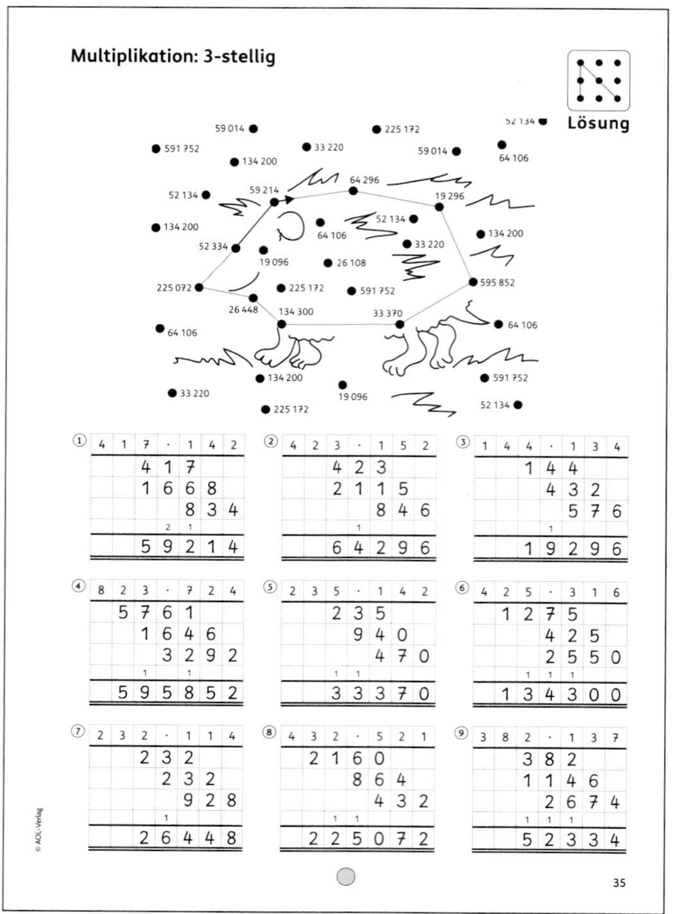

Multiplikation: 3-stellig

Lösung

Nr.	Aufgabe	Teilprodukte	Ergebnis
1	417 · 142	417 / 1668 / 834	59214
2	423 · 152	423 / 2115 / 846	64296
3	144 · 134	144 / 432 / 576	19296
4	823 · 724	5761 / 1646 / 3292	595852
5	235 · 142	235 / 940 / 470	33370
6	425 · 316	1275 / 425 / 2550	134300
7	232 · 114	232 / 232 / 928	26448
8	432 · 521	2160 / 864 / 432	225072
9	382 · 137	382 / 1146 / 2674	52334

35

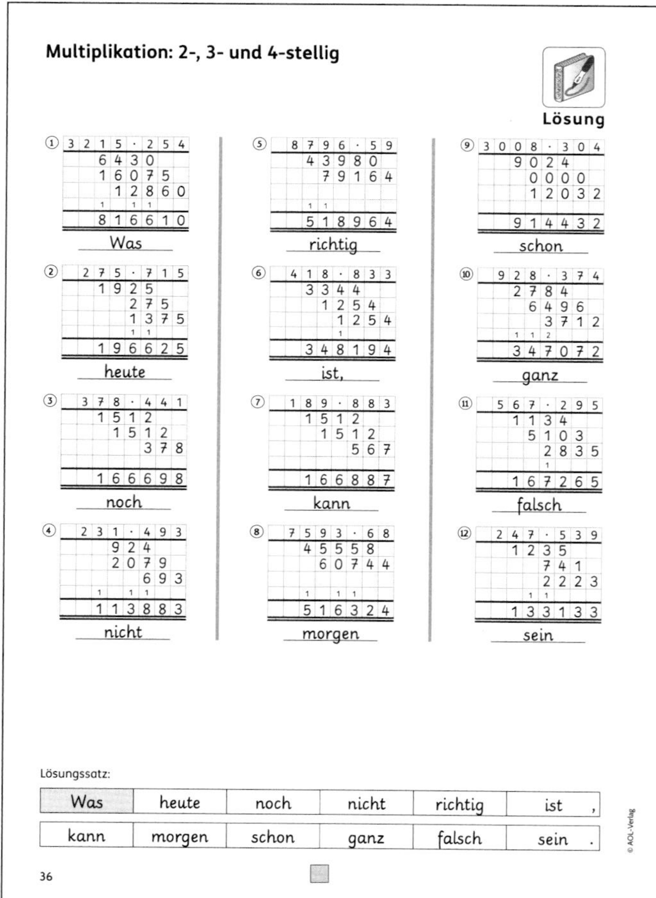

Multiplikation: 2-, 3- und 4-stellig

Lösung

Nr.	Aufgabe	Teilprodukte	Ergebnis	Wort
1	3215 · 254	6430 / 16075 / 12860	816610	Was
2	275 · 715	1925 / 275 / 1375	196625	heute
3	378 · 441	1512 / 1512 / 378	166698	noch
4	231 · 493	924 / 2079 / 693	113883	nicht
5	8796 · 59	43980 / 79164	518964	richtig
6	418 · 833	3344 / 1254 / 1254	348194	ist,
7	189 · 883	1512 / 1512 / 567	166887	kann
8	7593 · 68	45558 / 60744	516324	morgen
9	3008 · 304	9024 / 0000 / 12032	914432	schon
10	928 · 374	2784 / 6496 / 3712	347072	ganz
11	567 · 295	1134 / 5103 / 2835	167265	falsch
12	247 · 539	1235 / 741 / 2223	133133	sein

Lösungssatz:

Was	heute	noch	nicht	richtig	ist,
kann	morgen	schon	ganz	falsch	sein.

36

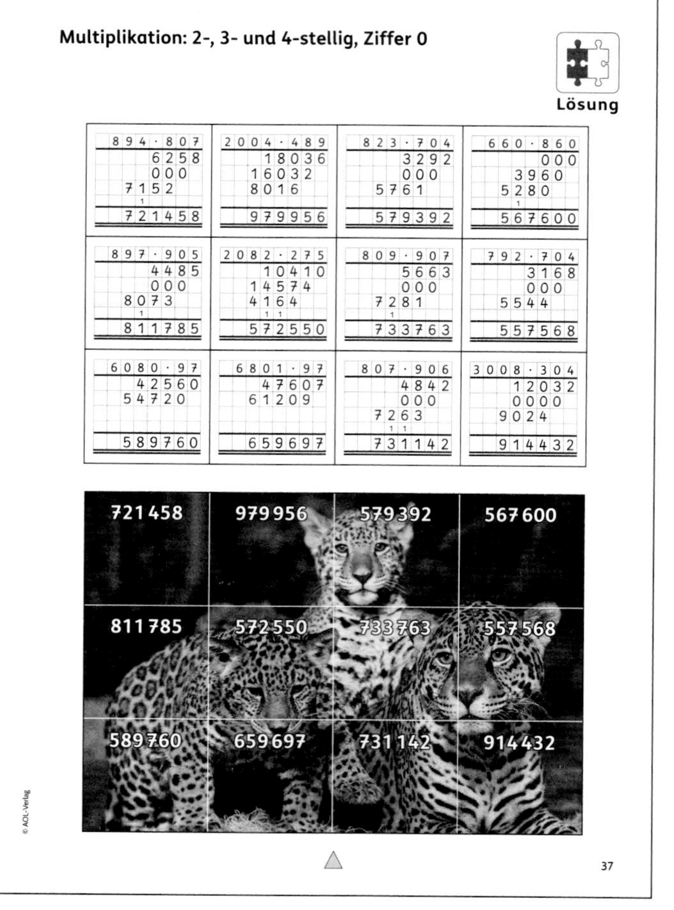

Multiplikation: 2-, 3- und 4-stellig, Ziffer 0

Lösung

Aufgabe	Teilprodukte	Ergebnis
894 · 807	6258 / 000 / 7152	721458
2004 · 489	18036 / 16032 / 8016	979956
823 · 704	3292 / 000 / 5761	579392
660 · 860	000 / 3960 / 5280	567600
897 · 905	4485 / 000 / 8073	811785
2082 · 275	10410 / 14574 / 4164	572550
809 · 907	5663 / 000 / 7281	733763
792 · 704	3168 / 000 / 5544	557568
6080 · 97	42560 / 54720	589760
6801 · 97	47607 / 61209	659697
807 · 906	4842 / 000 / 7263	731142
3008 · 304	12032 / 0000 / 9024	914432

37

Lösungen

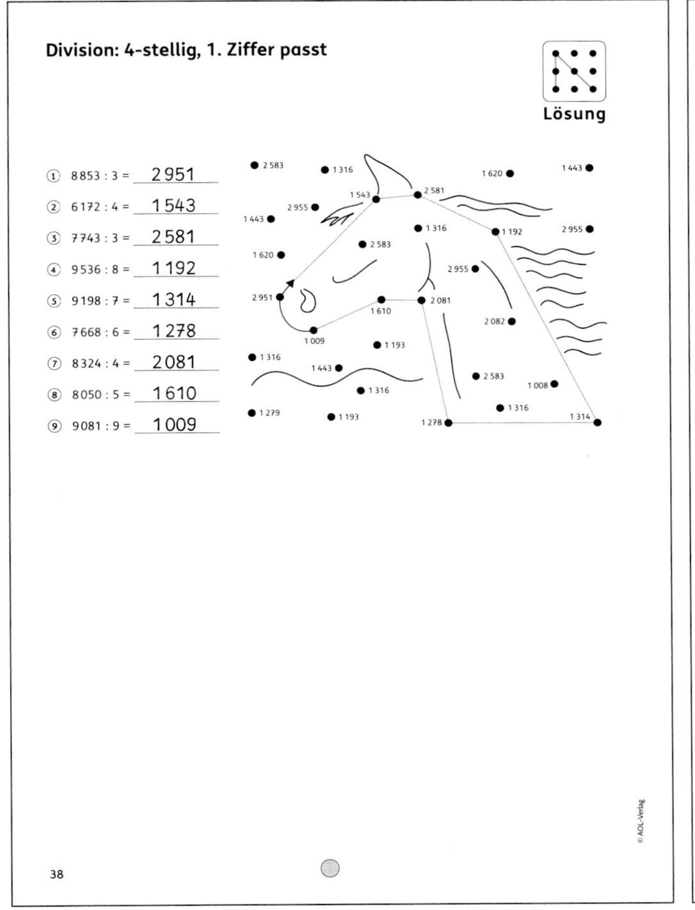

Division: 4-stellig, 1. Ziffer passt

Lösung

1. 8853 : 3 = 2951
2. 6172 : 4 = 1543
3. 7743 : 3 = 2581
4. 9536 : 8 = 1192
5. 9198 : 7 = 1314
6. 7668 : 6 = 1278
7. 8324 : 4 = 2081
8. 8050 : 5 = 1610
9. 9081 : 9 = 1009

© AOL-Verlag

38

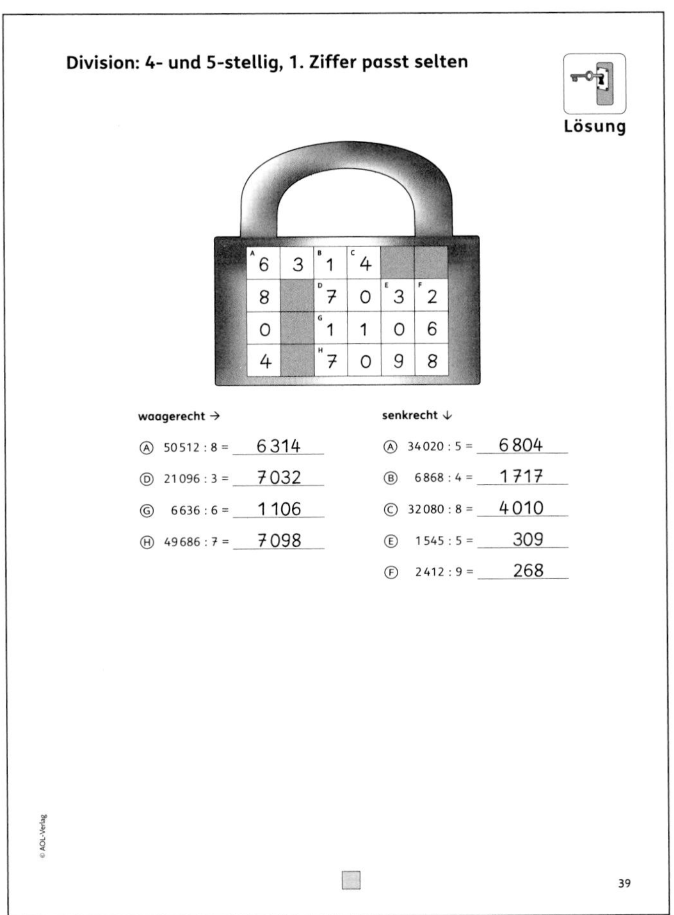

Division: 4- und 5-stellig, 1. Ziffer passt selten

Lösung

A 6	3	B 1	C 4		
8		D 7	0	E 3	F 2
0		G 1	1	0	6
4		H 7	0	9	8

waagerecht →

- Ⓐ 50512 : 8 = 6314
- Ⓓ 21096 : 3 = 7032
- Ⓖ 6636 : 6 = 1106
- Ⓗ 49686 : 7 = 7098

senkrecht ↓

- Ⓐ 34020 : 5 = 6804
- Ⓑ 6868 : 4 = 1717
- Ⓒ 32080 : 8 = 4010
- Ⓔ 1545 : 5 = 309
- Ⓕ 2412 : 9 = 268

© AOL-Verlag

39

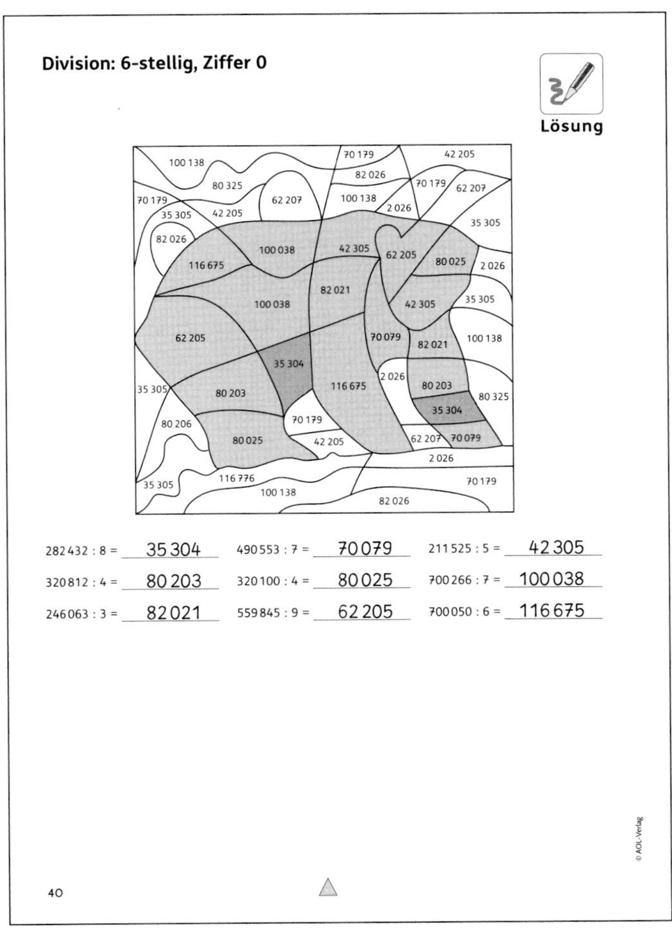

Division: 6-stellig, Ziffer 0

Lösung

282432 : 8 = 35304	490553 : 7 = 70079	211525 : 5 = 42305
320812 : 4 = 80203	320100 : 4 = 80025	700266 : 7 = 100038
246063 : 3 = 82021	559845 : 9 = 62205	700050 : 6 = 116675

© AOL-Verlag

40

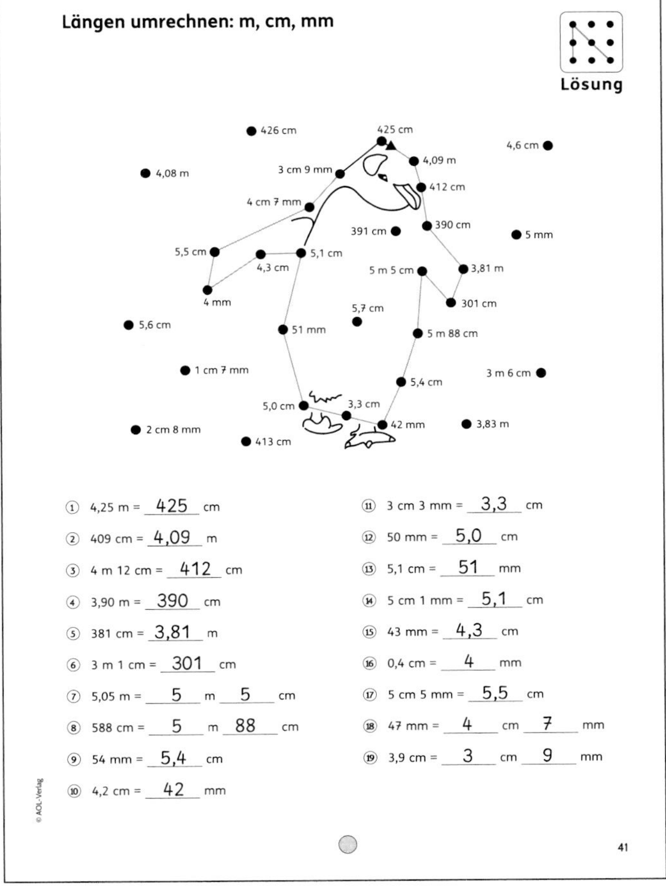

Längen umrechnen: m, cm, mm

Lösung

1. 4,25 m = 425 cm
2. 409 cm = 4,09 m
3. 4 m 12 cm = 412 cm
4. 3,90 m = 390 cm
5. 381 cm = 3,81 m
6. 3 m 1 cm = 301 cm
7. 5,05 m = 5 m 5 cm
8. 588 cm = 5 m 88 cm
9. 54 mm = 5,4 cm
10. 4,2 cm = 42 mm
11. 3 cm 3 mm = 3,3 cm
12. 50 mm = 5,0 cm
13. 5,1 cm = 51 mm
14. 5 cm 1 mm = 5,1 cm
15. 43 mm = 4,3 cm
16. 0,4 cm = 4 mm
17. 5 cm 5 mm = 5,5 cm
18. 47 mm = 4 cm 7 mm
19. 3,9 cm = 3 cm 9 mm

© AOL-Verlag

41

Lösungen

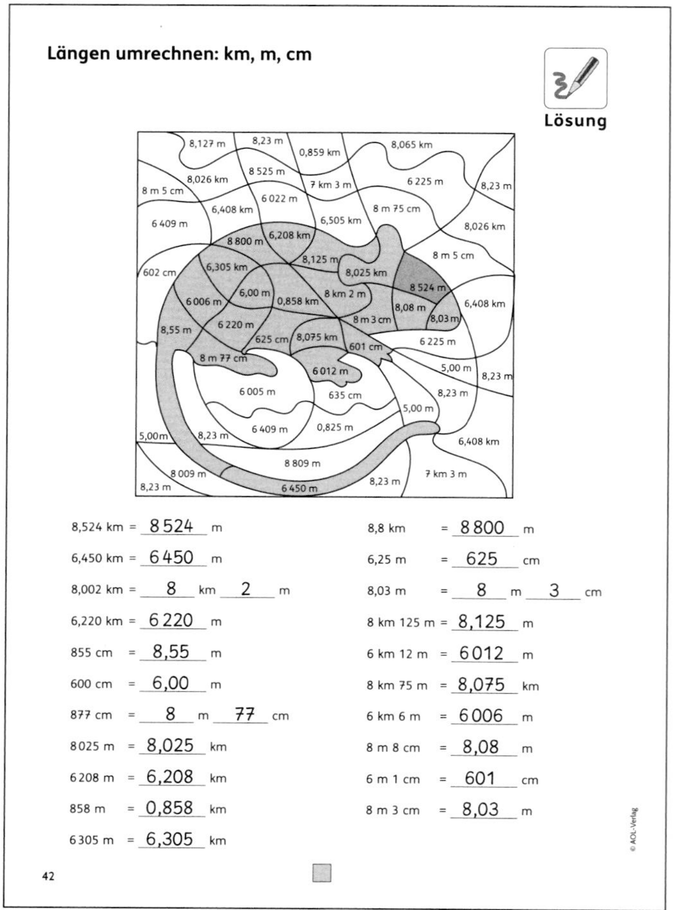

Längen umrechnen: km, m, cm

Lösung

8,524 km = 8524 m		8,8 km = 8800 m	
6,450 km = 6450 m		6,25 m = 625 cm	
8,002 km = 8 km 2 m		8,03 m = 8 m 3 cm	
6,220 km = 6220 m		8 km 125 m = 8,125 m	
855 cm = 8,55 m		6 km 12 m = 6012 m	
600 cm = 6,00 m		8 km 75 m = 8,075 km	
877 cm = 8 m 77 cm		6 km 6 m = 6006 m	
8025 m = 8,025 km		8 m 8 cm = 8,08 m	
6208 m = 6,208 km		6 m 1 cm = 601 cm	
858 m = 0,858 km		8 m 3 cm = 8,03 m	
6305 m = 6,305 km			

© AOL-Verlag

42

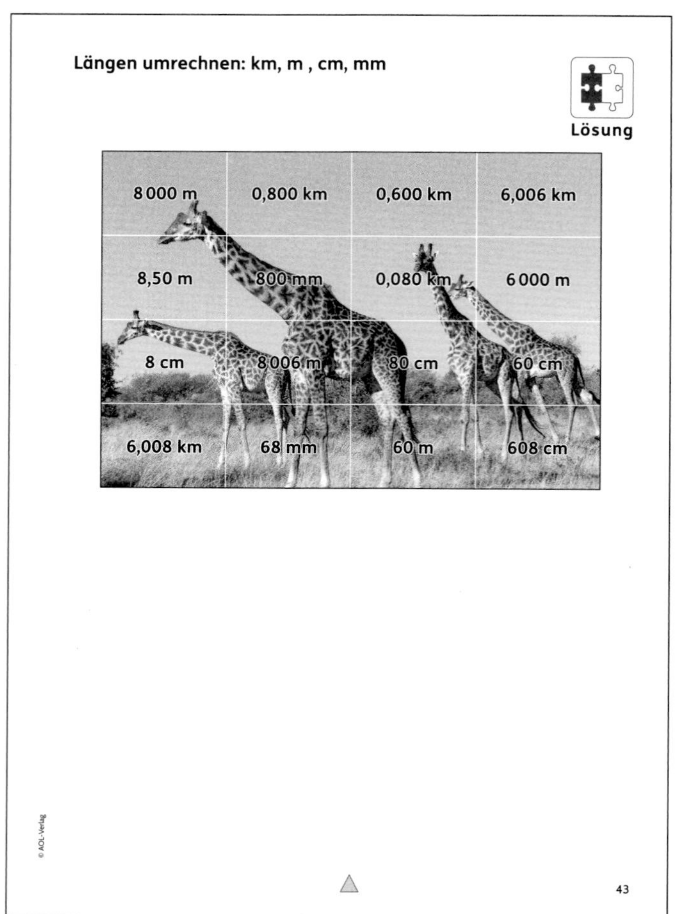

Längen umrechnen: km, m , cm, mm

Lösung

8000 m	0,800 km	0,600 km	6,006 km
8,50 m	800 mm	0,080 km	6000 m
8 cm	8006 m	80 cm	60 cm
6,008 km	68 mm	60 m	608 cm

© AOL-Verlag

43

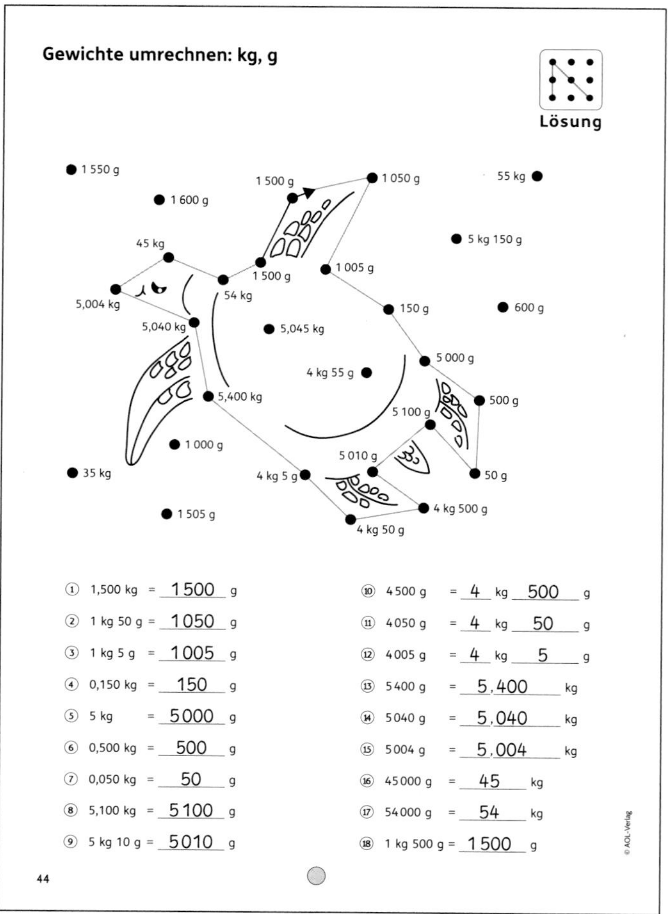

Gewichte umrechnen: kg, g

Lösung

① 1,500 kg = 1500 g	⑩ 4500 g = 4 kg 500 g
② 1 kg 50 g = 1050 g	⑪ 4050 g = 4 kg 50 g
③ 1 kg 5 g = 1005 g	⑫ 4005 g = 4 kg 5 g
④ 0,150 kg = 150 g	⑬ 5400 g = 5,400 kg
⑤ 5 kg = 5000 g	⑭ 5040 g = 5,040 kg
⑥ 0,500 kg = 500 g	⑮ 5004 g = 5,004 kg
⑦ 0,050 kg = 50 g	⑯ 45000 g = 45 kg
⑧ 5,100 kg = 5100 g	⑰ 54000 g = 54 kg
⑨ 5 kg 10 g = 5010 g	⑱ 1 kg 500 g = 1500 g

© AOL-Verlag

44

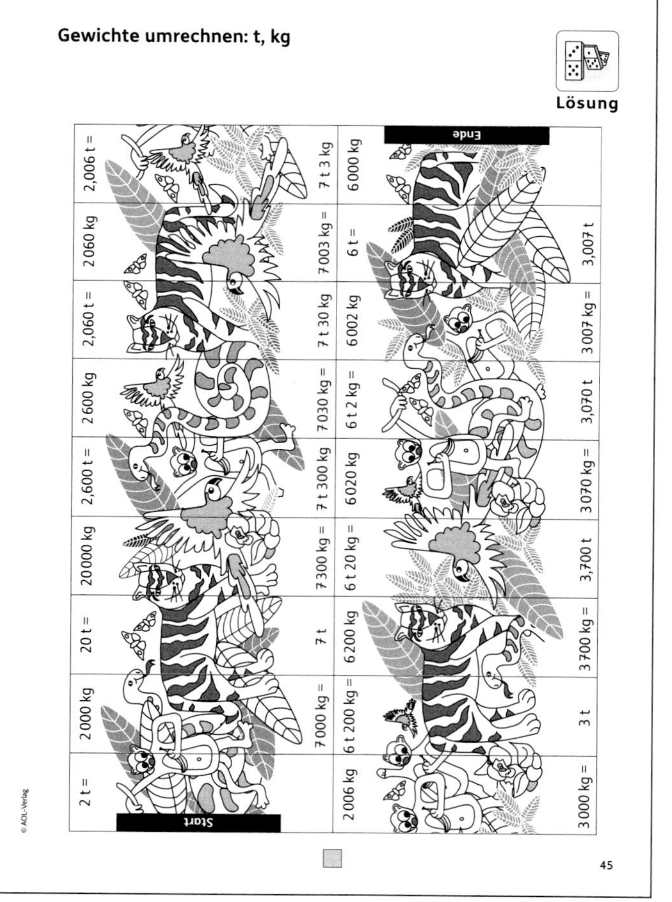

Gewichte umrechnen: t, kg

Lösung

© AOL-Verlag

45

Lösungen

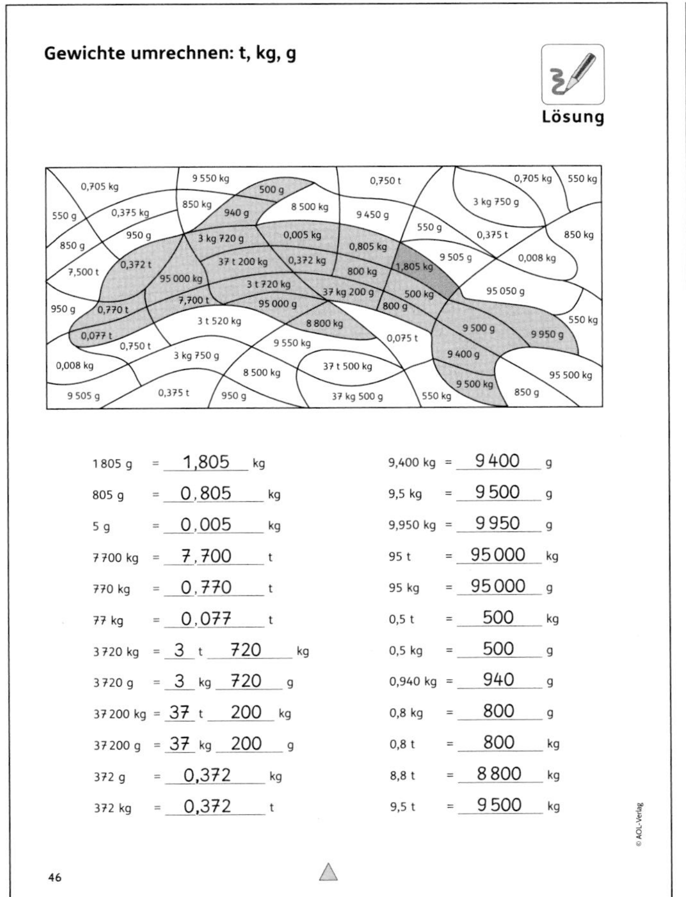

Gewichte umrechnen: t, kg, g

Lösung

1805 g	=	1,805 kg
805 g	=	0,805 kg
5 g	=	0,005 kg
7700 kg	=	7,700 t
770 kg	=	0,770 t
77 kg	=	0,077 t
3720 kg	=	3 t 720 kg
3720 g	=	3 kg 720 g
37200 kg	=	37 t 200 kg
37200 g	=	37 kg 200 g
372 g	=	0,372 kg
372 kg	=	0,372 t

9,400 kg	=	9400 g
9,5 kg	=	9500 g
9,950 kg	=	9950 g
95 t	=	95000 kg
95 kg	=	95000 g
0,5 t	=	500 kg
0,5 kg	=	500 g
0,940 kg	=	940 g
0,8 kg	=	800 g
0,8 t	=	800 kg
8,8 t	=	8800 kg
9,5 t	=	9500 kg

© AOL-Verlag

46

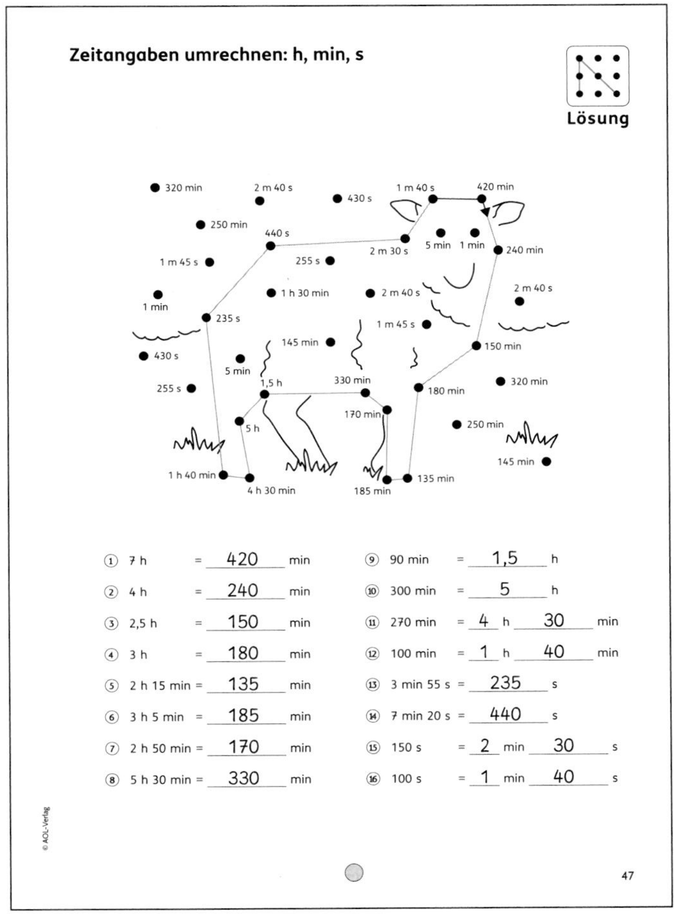

Zeitangaben umrechnen: h, min, s

Lösung

①	7 h	=	420 min
②	4 h	=	240 min
③	2,5 h	=	150 min
④	3 h	=	180 min
⑤	2 h 15 min	=	135 min
⑥	3 h 5 min	=	185 min
⑦	2 h 50 min	=	170 min
⑧	5 h 30 min	=	330 min
⑨	90 min	=	1,5 h
⑩	300 min	=	5 h
⑪	270 min	=	4 h 30 min
⑫	100 min	=	1 h 40 min
⑬	3 min 55 s	=	235 s
⑭	7 min 20 s	=	440 s
⑮	150 s	=	2 min 30 s
⑯	100 s	=	1 min 40 s

© AOL-Verlag

47

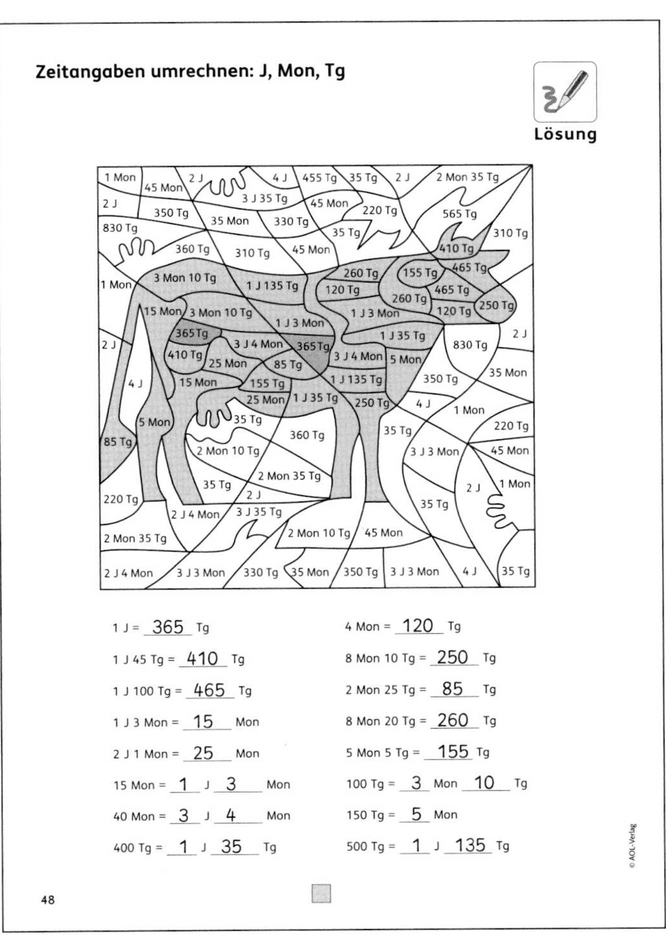

Zeitangaben umrechnen: J, Mon, Tg

Lösung

1 J = 365 Tg	4 Mon = 120 Tg
1 J 45 Tg = 410 Tg	8 Mon 10 Tg = 250 Tg
1 J 100 Tg = 465 Tg	2 Mon 25 Tg = 85 Tg
1 J 3 Mon = 15 Mon	8 Mon 20 Tg = 260 Tg
2 J 1 Mon = 25 Mon	5 Mon 5 Tg = 155 Tg
15 Mon = 1 J 3 Mon	100 Tg = 3 Mon 10 Tg
40 Mon = 3 J 4 Mon	150 Tg = 5 Mon
400 Tg = 1 J 35 Tg	500 Tg = 1 J 135 Tg

© AOL-Verlag

48

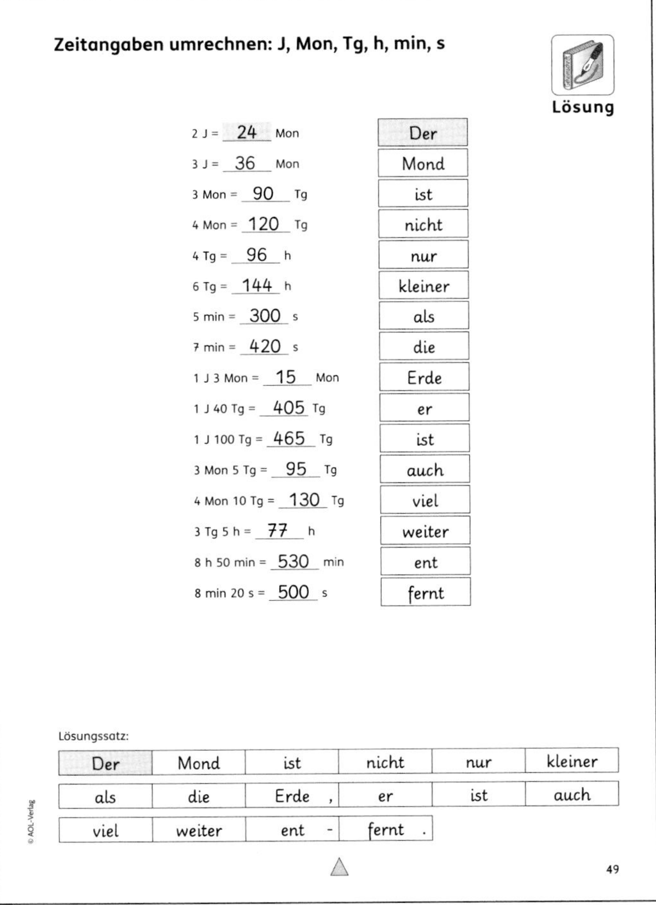

Zeitangaben umrechnen: J, Mon, Tg, h, min, s

Lösung

2 J = 24 Mon	Der
3 J = 36 Mon	Mond
3 Mon = 90 Tg	ist
4 Mon = 120 Tg	nicht
4 Tg = 96 h	nur
6 Tg = 144 h	kleiner
5 min = 300 s	als
7 min = 420 s	die
1 J 3 Mon = 15 Mon	Erde
1 J 40 Tg = 405 Tg	er
1 J 100 Tg = 465 Tg	ist
3 Mon 5 Tg = 95 Tg	auch
4 Mon 10 Tg = 130 Tg	viel
3 Tg 5 h = 77 h	weiter
8 h 50 min = 530 min	ent
8 min 20 s = 500 s	fernt

Lösungssatz:

Der Mond ist nicht nur kleiner als die Erde, er ist auch viel weiter ent-fernt.

© AOL-Verlag

49

Lösungen

Sachaufgaben: Verschiedene Größenbereiche

Lösung

waagerecht →

Ⓐ So viele Tage dauern 2 Jahre und 3 Tage.

Lösung: 733 Tage

Ⓓ Ein Mofa legt in 3 Minuten 1 000 Meter zurück. Wie viele km schafft es in 1 Stunde und 6 Minuten?

Lösung: 22 km

Ⓔ Eine Sporthalle mit 1 680 Sitzplätzen ist zu einem Viertel besetzt. Wie viele Menschen sind in der Halle?

Lösung: 420 Menschen

Ⓖ Eine Aushilfskraft verdient 62,50 Euro pro Tag. Sie arbeitet an 20 Tagen im Monat. Wie viel verdient sie im Monat?

Lösung: 1 250 Euro

Ⓗ Ein Auto verbraucht 13 Liter Benzin auf 100 km. Wie viel verbraucht es bei einer Erdumrundung (40 000 km)?

Lösung: 5 200 l

■	A 7	3	B 3	■	C 6
D 2	2	■	E 4	F 2	0
1	■	G 1	2	5	0
H 5	I 2	0	0	■	■

senkrecht ↓

Ⓐ Ein Restaurant bestellt 6 Kästen Limonade mit je 12 Flaschen. Wie viele Flaschen sind das?

Lösung: 72 Flaschen

Ⓑ Das Monatsgehalt der 8 Mitarbeiterinnen einer Firma beträgt zusammen 27 360 Euro. Wie viel verdient jede bei gleichem Lohn im Monat?

Lösung: 3 420 Euro

Ⓒ Von 12 000 Zuschauerinnen und Zuschauern eines Fußballspiels sind ein Zwanzigstel männlich. Wie viele Jungen und Männer schauen zu?

Lösung: 600 Jungen und Männer

Ⓓ Von einem Kilogramm Schinken sind 785 g abgeschnitten. Wie schwer ist der Rest?

Lösung: 215 g

Ⓕ Für ein Ferienhaus bezahlt die Familie Klein insgesamt 1 500 Euro Miete. Ein Tag kostet 60 Euro. Wie viele Tage hat Familie Klein das Haus gemietet?

Lösung: 25 Tage

50

Sachaufgaben: Verschiedene Größenbereiche

Lösung

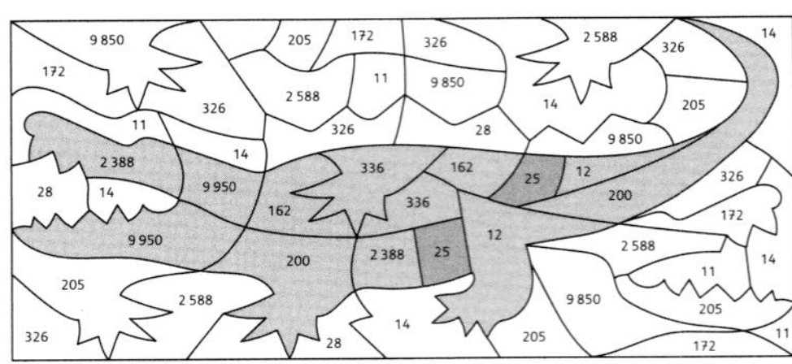

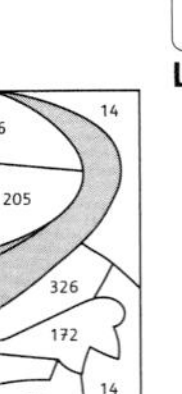

① Die Laufbahn auf unserem Sportplatz ist 400 m lang. Wie viele Runden müssen die 10 000-m-Läufer und -Läuferinnen laufen?

Lösung: 25 Runden

② Der Mensch atmet in 1 Stunde durchschnittlich 720 mal. Wie viele Male atmet er in 1 Minute?

Lösung: 12 mal

③ Die Spitze des großen Zeigers einer Wanduhr legt in 5 Minuten 7 cm zurück. Welchen Weg (in cm) legt sie in 4 Stunden zurück?

Lösung: 336 cm

④ Familie Kurz will einen PKW für 23 250 Euro kaufen. Für ihren alten Wagen bekommt sie noch 8 800 Euro. Bei der Bank leiht sie sich 4 500 Euro. Wie viel Geld fehlt dann noch zum Kauf?

Lösung: 9 950 Euro

⑤ Bei einer Klassenfahrt müssen 1 580 Euro für den Bus und 2 420 Euro für Unterkunft und Verpflegung gezahlt werden. Wie viel muss jedes der 20 Kinder bezahlen?

Lösung: 200 Euro

⑥ Das Tragflächenboot „Rheinpfeil" fährt wöchentlich 6 mal die Strecke Köln – Mainz (Entfernung 199 km) und zurück. Wie viele km legt es dabei insgesamt in 1 Woche zurück?

Lösung: 2 388 km

⑦ Hanna sagt zu ihrem Vater: „Gut, dass du nicht mehr rauchst! Deine Zigaretten waren 10 cm lang. Jeden Tag hast du 20 Zigaretten geraucht. Da hattest du nach einiger Zeit die Höhe des Eiffelturms (324 m) erreicht." Nach wie vielen Tagen war das so?

Lösung: 162 Tage

51

Sachaufgaben: Verschiedene Größenbereiche

Lösung

Text		Frage	Ergebniszahl	Benennung
① Ein Spielzeuggeschäft verkauft jeden Monat 120 Autos.	⑤ Weil sie nicht krank war, bekommt sie 250 Euro am Jahresende zurück.	③ Wie viele km müssen im Juli noch repariert werden?	② 744	⑥ kg
② Der Vater kauft 124 Dachlatten. Jede Latte ist 3 m lang.	⑥ Der Lieferwagen der Firma darf 1,5 t laden.	⑦ Wann ist er wieder zu Hause?	① 1480	⑤ Euro
③ Die Autobahnen werden ausgebessert: Im April sind es 408 km, im Mai 950 km und im Juni 924 km.	① Im November und Dezember sind es jedoch je 140 Autos.	⑤ Wie hoch war Frau Maiers Jahresbeitrag zur Krankenkasse?	⑥ 575	④ Uhr
④ Marie hat um 8.15 Uhr Schulbeginn.	② 1 m Dachlatte kostet 2 Euro.	① Wie viele Autos sind es im Jahr?	218	② Euro
⑤ Frau Maier zahlt jeden Monat 282 Euro Krankenkassenbeitrag für ihre Familie.	③ Im Juli sollen die ganzen 3 000 km fertig sein.	④ Wann hat sie Schulschluss?	③ 718	① Stück
⑥ Firma Müller will 25 Pakete zu je 37 kg zur Post bringen.	⑦ Er arbeitet 7 h und 20 min, hat 1 h 15 min Pause und braucht für den Hin- und Rückweg zusammen 30 min.	② Was muss der Vater bezahlen?	⑤ 3134	③ km
⑦ Der Vater geht um 7.20 Uhr zur Arbeit.	④ Sie hat 6 Schulstunden (je 45 min) und nach jeder Stunde 10 Minuten Pause.	⑥ Wie viel kg dürfen jetzt noch zugeladen werden?	④ 13.35	m
			⑦ 16.25	⑦ Uhr

Welches Ergebnis bleibt übrig? 218 m

52

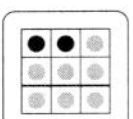